C'EST QUOI LE MARKETING DIGITAL EN 2024 ?

Réinventez votre stratégie marketing avec les dernières tendances et technologies

C'EST QUOI LE MARKETING DIGITAL 2024 ?

Réinventez votre stratégie marketing avec les dernières tendances et technologies

Vincent Lefebvre

ISBN-13 : 9798871721407

Concepteur de la couverture : Vincent Lefebvre

A mon fils Auguste

TABLE DES MATIÈRES

PRÉFACE

Par Jean Darmanin, Expert en Marketing Digital et Innovation Technologique

Dans un monde où le changement est la seule constante, le marketing digital continue d'évoluer à un rythme vertigineux, façonné par les avancées technologiques et les transformations sociétales. En tant qu'expert dans ce domaine dynamique, j'ai eu le privilège de témoigner et de participer à ces évolutions, observant comment elles redéfinissent la manière dont les marques interagissent avec leurs publics.

Le livre que vous tenez entre vos mains est une exploration approfondie et perspicace de ce paysage en constante mutation. Vincent Lefebvre, avec une expertise et une clairvoyance remarquables, nous guide à travers les tendances clés du marketing digital en 2024, dévoilant les stratégies, les outils et les techniques qui façonnent l'avenir de cette industrie.

De l'analyse prédictive à l'intelligence artificielle, en passant par la réalité augmentée et la blockchain, ce livre ne se contente pas de décrire les technologies; il explore leur impact pratique sur le marketing et la manière dont elles peuvent être utilisées pour créer des expériences client plus riches et plus personnalisées. Vincent Lefebvre nous offre non seulement une vision de ce que sera le marketing digital dans un futur proche, mais aussi des conseils pratiques et des études de cas pour illustrer comment ces concepts prennent vie dans le monde réel.

Ce livre est une lecture essentielle pour les professionnels du marketing, les entrepreneurs, les étudiants et toute personne intéressée par l'intersection fascinante entre la technologie et le marketing. En tant que lecteur, vous serez équipé non seulement pour comprendre les tendances actuelles, mais aussi pour anticiper les changements futurs, vous positionnant ainsi à l'avant-garde de l'innovation dans le marketing digital.

Préparez-vous à plonger dans un voyage à travers le paysage en évolution du marketing digital, où l'innovation, la créativité et la stratégie se rencontrent pour façonner l'avenir de la manière dont nous nous connectons, communiquons et convertissons dans le monde numérique.

INTRODUCTION

"Le plus grand risque est de ne prendre aucun risque."
Mark Zuckerberg

1.1. Définition et Portée

Imaginez un monde où chaque interaction, chaque clic, chaque partage sur Internet façonne une histoire, une histoire qui parle de vous, de moi, de nous tous. C'est là que le marketing digital prend vie. Mais qu'est-ce vraiment que le marketing digital en 2024 ? Ce n'est pas seulement une question de publicités ou de posts sur les réseaux sociaux. C'est une toile complexe, tissée avec finesse, reliant les technologies, les stratégies, et les histoires humaines.

Le marketing digital, dans son essence, est cette conversation continue entre marques et consommateurs, facilitée par une myriade de canaux numériques. Il englobe tout, depuis le SEO, qui aide les gens à trouver les réponses à leurs questions sur Google, jusqu'aux publicités sur Facebook qui semblent connaître vos besoins avant même vous. En 2024, cette définition s'est élargie, embrassant des technologies avancées comme l'intelligence artificielle, la réalité augmentée, et bien plus encore.

Mais pourquoi est-ce important pour vous ? Parce que, que vous soyez un entrepreneur, un étudiant, un artiste, ou simplement un curieux du numérique, comprendre le marketing digital, c'est comme détenir la clé d'un royaume immense et en constante évolution. C'est comprendre comment les messages sont ciblés, comment les marques créent des liens avec leurs audiences, et comment, en fin de compte, ces interactions façonnent notre société.

Dans ce voyage à travers le marketing digital en 2024, vous découvrirez non seulement ses composantes, mais aussi son impact et sa portée. Vous verrez comment il influence les décisions d'achat, façonne les opinions, et crée des communautés. Et surtout, vous apprendrez comment il peut être utilisé de manière éthique et efficace pour créer un monde meilleur, plus connecté et plus conscient.

Alors, embarquez dans cette aventure. Découvrez comment le marketing digital a évolué, comment il fonctionne maintenant, et surtout, comment il va façonner notre avenir.

1.2. Évolution Historique

Pour apprécier pleinement le paysage du marketing digital en 2024, il est essentiel de jeter un regard en arrière, de comprendre d'où nous venons. Le marketing digital, tel que nous le connaissons aujourd'hui, est le fruit d'une évolution fascinante, une danse entre la technologie et les besoins humains, entre l'innovation et la créativité.

Remontons aux années 1990, l'aube de l'ère numérique. C'était l'époque où Internet faisait ses premiers pas dans les foyers. Les sites web étaient simples, souvent juste du texte sur un fond uni. Le marketing digital, à cette époque, était rudimentaire – pensez aux bannières publicitaires, aux premiers emails marketing. C'était nouveau, excitant, mais encore très basique.

Puis vint le nouveau millénaire, et avec lui, une révolution. Les moteurs de recherche comme Google ont commencé à façonner le Web. Le SEO est né, transformant la façon dont le contenu est trouvé et consommé. Les entreprises ont commencé à comprendre l'importance d'être visibles en ligne, et le marketing digital a pris une nouvelle dimension.

Les années 2010 ont marqué l'ascension fulgurante des réseaux sociaux. Facebook, Twitter, Instagram, et plus tard TikTok, ont redéfini la communication. Le marketing digital est devenu plus personnel, plus direct. Les marques ne parlaient plus "à" leur audience, mais "avec" elle. C'était l'ère de l'engagement, de la création de contenu, du storytelling.

Et maintenant, en 2024, nous sommes à l'ère de l'hyper-personnalisation et de l'intégration technologique. L'intelligence artificielle et la data science ont transformé le marketing digital en une expérience sur mesure. Chaque interaction en ligne est analysée, chaque donnée est utilisée pour créer des campagnes plus pertinentes, plus efficaces. La réalité augmentée et la réalité virtuelle ont ouvert de nouvelles frontières, permettant des expériences immersives et interactives.

Cette évolution n'est pas juste technologique. Elle reflète un changement dans notre façon de communiquer, de consommer, de vivre. Le marketing digital en 2024 n'est pas seulement un ensemble d'outils et de techniques. C'est un miroir de notre société, de nos valeurs, de nos aspirations. En comprenant cette histoire, vous ne verrez plus jamais une simple publicité en ligne de la même manière. Vous verrez un chapitre d'une histoire en constante évolution, une histoire où vous êtes à la fois spectateur et acteur.

1.3. Importance dans le Monde Moderne

Dans le monde trépidant de 2024, le marketing digital n'est pas seulement une facette du commerce ou de la communication, c'est un pilier central de notre société moderne. Son importance transcende la simple publicité ou la promotion de produits. Il façonne notre culture, influence nos choix, et est un moteur essentiel de l'innovation et de la croissance économique.

Premièrement, considérons l'impact du marketing digital sur l'économie. Les entreprises, des startups aux multinationales, dépendent du marketing digital pour atteindre leurs clients. Dans un monde où la majorité des consommateurs passent une grande partie de leur temps en ligne, être visible sur le web n'est pas un luxe, mais une nécessité. Le marketing digital permet aux entreprises de se connecter avec leurs audiences de manière ciblée et mesurable, offrant un retour sur investissement souvent bien supérieur aux méthodes traditionnelles.

Mais l'importance du marketing digital va bien au-delà des chiffres d'affaires. Il joue un rôle crucial dans la construction et la diffusion des idées et des valeurs. Les campagnes de sensibilisation en ligne, par exemple, ont le pouvoir de mobiliser des millions de personnes autour de causes sociales et environnementales. Les réseaux sociaux, les blogs, les vidéos – tous ces outils permettent de partager des histoires, de susciter des débats, de créer des communautés. Le marketing digital est devenu un vecteur de changement social.

De plus, le marketing digital est un terrain fertile pour l'innovation. Les avancées en intelligence artificielle, en analyse de données, en réalité augmentée et virtuelle – toutes trouvent des applications pratiques et puissantes dans le marketing digital. Ces technologies ne se contentent pas de rendre le marketing plus efficace ; elles transforment la manière dont nous interagissons avec le monde numérique, enrichissant notre expérience en ligne de manière inimaginable il y a quelques années.

Enfin, le marketing digital est essentiel pour l'éducation et l'information. Dans un monde où l'information est abondante, le marketing digital aide à filtrer, à organiser et à présenter cette information de manière accessible. Que ce soit par des tutoriels vidéo, des blogs éducatifs, ou des webinaires interactifs, le marketing digital est un outil puissant pour partager le savoir et encourager l'apprentissage continu.

En somme, le marketing digital en 2024 est bien plus qu'une série de stratégies commerciales. C'est un élément intégral de notre vie quotidienne, influençant la manière dont nous pensons, interagissons, et évoluons en tant que société. Comprendre son importance, c'est comprendre un aspect crucial de notre époque.

CHAPITRE 1 : LES FONDAMENTAUX DU MARKETING DIGITAL

"Le meilleur moyen de prédire l'avenir est de le créer."
Peter Drucker

1.1 SEO : Optimisation pour les Moteurs de Recherche

1.1.1 Principes de base du SEO

L'optimisation pour les moteurs de recherche, ou SEO, est un art subtil, une science qui évolue constamment. Au cœur de cette discipline se trouve un objectif simple mais puissant : améliorer la visibilité et la pertinence d'un site web dans les résultats de recherche. Mais comment y parvient-on exactement en 2024 ? Commençons par les fondamentaux.

Le SEO repose sur trois piliers fondamentaux : la technique, le contenu, et l'autorité. La partie technique concerne l'optimisation de la structure du site web. Cela inclut la vitesse de chargement des pages, la convivialité mobile, et une architecture de site claire. Un site bien structuré est comme une bibliothèque bien organisée, où chaque livre est facile à trouver.

Ensuite, le contenu. Ce n'est pas seulement une question de quantité, mais de qualité et de pertinence. Les moteurs de recherche, avec leurs algorithmes sophistiqués, cherchent à comprendre le contenu d'un site comme le ferait un humain. Ils analysent les mots, le contexte, la fraîcheur du contenu. Un bon contenu répond non seulement aux questions des utilisateurs mais leur offre également une expérience enrichissante.

Enfin, l'autorité. Cela se résume souvent à des liens provenant d'autres sites web. Pensez à ces liens comme des recommandations. Plus un site est recommandé par des sources fiables, plus il est considéré comme une autorité dans son domaine. Cependant, en 2024, la qualité des liens prime sur la quantité. Un lien d'un site réputé vaut bien plus que des centaines de liens de faible qualité.

Mais le SEO ne s'arrête pas là. Il s'agit d'une discipline en constante évolution, façonnée par les changements dans les comportements des utilisateurs et les mises à jour des algorithmes des moteurs de recherche. Aujourd'hui, des éléments comme l'expérience utilisateur (UX), l'intention de recherche, et même l'intelligence artificielle jouent un rôle crucial dans le référencement d'un site.

En comprenant ces principes de base, vous avez franchi le premier pas vers la maîtrise du SEO. C'est un voyage fascinant, où chaque petite amélioration peut conduire à des résultats significatifs. Dans les sections suivantes, nous explorerons chacun de ces piliers en détail, en vous fournissant les connaissances et les outils nécessaires pour exceller dans le monde dynamique du SEO.

1.1.2 SEO Technique et On-Page

Le SEO technique et on-page sont les fondations sur lesquelles repose tout le bâtiment du référencement naturel. En 2024, ces aspects du SEO ont gagné en complexité, mais leur compréhension reste essentielle pour quiconque souhaite naviguer avec succès dans le monde du marketing digital.

Le SEO technique se concentre sur l'optimisation de la structure du site web. Cela commence par la vitesse de chargement des pages. Dans un monde où chaque seconde compte, un site rapide est un site qui retient ses visiteurs. Les moteurs de recherche privilégient les sites qui chargent rapidement, offrant ainsi une meilleure expérience utilisateur. Cela implique l'optimisation des images, l'utilisation de la mise en cache, et parfois la réduction du code JavaScript. Ensuite, il y a la convivialité mobile. Avec la prédominance des smartphones, un site qui n'est pas optimisé pour les appareils mobiles est un site qui se prive d'une part importante de son audience. Le design réactif n'est pas une option, c'est une nécessité. Les moteurs de recherche, en particulier Google, favorisent les sites adaptés aux mobiles dans leurs classements.

L'architecture du site joue également un rôle crucial. Une structure claire et logique aide non seulement les utilisateurs à naviguer sur le site, mais permet également aux moteurs de recherche de mieux comprendre et indexer le contenu. Cela inclut l'utilisation de balises HTML appropriées, la création d'un plan de site XML, et la mise en place d'une structure d'URL cohérente.

Passons maintenant au SEO on-page. Ici, l'accent est mis sur l'optimisation du contenu de chaque page. Cela commence par les balises de titre et les méta-descriptions. Ces éléments, bien que souvent négligés, sont essentiels. Ils agissent comme une vitrine pour chaque page, donnant aux utilisateurs et aux moteurs de recherche un aperçu rapide du contenu de la page.

Le contenu lui-même doit être de haute qualité, pertinent et offrir de la valeur aux lecteurs. En 2024, les moteurs de recherche sont devenus incroyablement bons pour évaluer la qualité du contenu. Ils recherchent des informations originales, bien écrites, et qui répondent directement aux intentions de recherche des utilisateurs. L'utilisation de mots-clés reste importante, mais elle doit être naturelle et contextuelle.

Enfin, l'optimisation des images est un autre aspect crucial du SEO on-page. Les images doivent être de haute qualité, mais également optimisées pour le web. Cela signifie des tailles de fichier réduites sans sacrifier la clarté, et l'utilisation de balises alt pour décrire le contenu des images, ce qui est essentiel pour le référencement et l'accessibilité.

En maîtrisant le SEO technique et on-page, vous mettez en place les fondations solides nécessaires pour un site web performant. C'est un investissement qui porte ses fruits, non seulement en termes de classement dans les moteurs de recherche, mais aussi en offrant une expérience utilisateur exceptionnelle.

1.1.3 SEO Off-Page et Backlinks

Le SEO off-page et les backlinks sont les piliers externes du référencement naturel, jouant un rôle crucial dans la façon dont un site web est perçu et évalué par les moteurs de recherche. En 2024, ces aspects du SEO ont évolué, mais leur importance fondamentale reste inchangée. Ils représentent la réputation et la crédibilité d'un site dans le vaste univers d'Internet.

Le SEO off-page se concentre principalement sur les backlinks, qui sont des liens entrants vers votre site depuis d'autres domaines. Ces liens sont comme des votes de confiance dans les yeux des moteurs de recherche. Plus un site reçoit de liens de qualité de la part de sites réputés, plus il est considéré comme une source fiable et autoritaire. Cependant, la clé réside dans la qualité et non dans la quantité. Un seul lien provenant d'un site web de haute autorité peut être bien plus précieux que des dizaines de liens de sites de moindre qualité.

En 2024, la manière dont ces backlinks sont obtenus a également évolué. Les pratiques de construction de liens artificiels ou manipulatrices sont non seulement inefficaces, mais peuvent également nuire à la réputation d'un site. Les stratégies efficaces de SEO off-page impliquent souvent la création de contenu de qualité qui attire naturellement les backlinks, la participation à des communautés en ligne, et la collaboration avec d'autres sites web et influenceurs dans votre niche.

Un autre aspect important du SEO off-page est la présence sur les réseaux sociaux. Bien que les liens provenant de ces plateformes ne soient généralement pas considérés comme des backlinks au sens traditionnel, ils jouent un rôle significatif dans la construction de la notoriété et de l'autorité d'une marque. Une présence active et engageante sur les réseaux sociaux peut non seulement attirer du trafic vers votre site, mais aussi encourager les partages et les mentions, qui sont des signaux positifs pour les moteurs de recherche.

En outre, les mentions de marque, même sans lien, sont devenues un facteur important dans le SEO off-page. Les moteurs de recherche, grâce à des algorithmes sophistiqués, sont capables de reconnaître et d'évaluer ces mentions. Elles contribuent à l'autorité globale d'un site, même si elles ne sont pas accompagnées d'un lien hypertexte.

Enfin, il est essentiel de surveiller et de gérer la réputation en ligne. Les avis et commentaires sur des sites tiers, forums, et plateformes d'évaluation peuvent influencer la perception de votre marque et, par extension, votre performance SEO. Une gestion proactive de la réputation en ligne, y compris la réponse aux avis et la participation aux discussions pertinentes, est un élément clé du SEO off-page.

En résumé, le SEO off-page et les backlinks en 2024 ne se limitent pas à accumuler des liens, mais à construire une présence en ligne solide et respectée. Cela implique une stratégie holistique qui englobe la création de contenu de qualité, l'engagement sur les réseaux sociaux, la gestion de la réputation en ligne, et la construction de relations authentiques dans l'écosystème numérique.

1.1.4 SEO Local et Mobile

Dans le vaste univers du SEO, deux aspects se distinguent particulièrement en 2024 : le SEO local et le SEO mobile. Ces deux facettes du référencement naturel répondent à des besoins spécifiques et reflètent les tendances actuelles de consommation et d'utilisation d'Internet.

Le SEO local est devenu incontournable pour les entreprises et les marques qui opèrent à l'échelle locale ou qui ont des points de vente physiques. Il s'agit de l'art d'optimiser votre présence en ligne pour attirer des clients de votre région ou de votre ville. Dans un monde où les recherches "à proximité" ou "près de moi" sont monnaie courante, être bien positionné dans les résultats de recherche locaux est crucial. Cela implique l'optimisation de votre fiche Google My Business, la collecte d'avis locaux, et l'utilisation de mots-clés géolocalisés dans votre contenu. Un bon référencement local permet à votre entreprise de se démarquer dans la communauté locale, d'attirer plus de clients dans votre magasin ou de générer des appels téléphoniques.

D'autre part, le SEO mobile prend en compte l'expérience des utilisateurs sur les appareils mobiles. Avec l'augmentation constante de l'utilisation des smartphones pour accéder à Internet, les moteurs de recherche, en particulier Google, ont commencé à privilégier les sites optimisés pour les mobiles. Cela signifie que votre site doit non seulement être réactif, s'adaptant à différentes tailles d'écran, mais aussi offrir une expérience utilisateur fluide et rapide sur mobile. L'optimisation mobile inclut des éléments tels que des temps de chargement rapides, des boutons et des liens facilement cliquables, et un design qui facilite la navigation sur un petit écran. En 2024, un site qui n'est pas optimisé pour les mobiles risque de perdre une part significative de son trafic et de sa visibilité.

Le SEO local et mobile sont étroitement liés, car de nombreuses recherches locales sont effectuées sur des appareils mobiles. Les utilisateurs recherchent des informations en déplacement, souvent avec l'intention d'agir immédiatement, que ce soit pour trouver un restaurant, un magasin, ou un service. Ainsi, une stratégie SEO efficace en 2024 doit intégrer ces deux aspects pour répondre aux besoins des utilisateurs locaux et mobiles.

En résumé, le SEO local et mobile sont des composantes essentielles d'une stratégie de référencement globale en 2024. Ils répondent à des comportements de recherche spécifiques et sont cruciaux pour les entreprises cherchant à attirer une clientèle locale et à offrir une expérience utilisateur optimale sur les appareils mobiles. En les intégrant dans votre stratégie SEO, vous vous assurez de ne pas manquer d'opportunités précieuses dans un monde de plus en plus mobile et localisé.

1.2 Publicité en Ligne

1.2.1. Panorama des plateformes publicitaires

Dans le domaine dynamique de la publicité en ligne en 2024, le panorama des plateformes publicitaires est aussi diversifié qu'innovant. Ces plateformes offrent une gamme étendue d'options pour cibler, engager et convertir des audiences variées, chacune avec ses spécificités et ses avantages.

Les géants traditionnels comme Google et Facebook continuent de dominer le marché, offrant des capacités de ciblage sophistiquées basées sur des données démographiques, des intérêts, et des comportements d'achat. Google, avec son réseau de recherche et sa plateforme Display, permet aux annonceurs de se positionner précisément là où les utilisateurs recherchent activement des informations. Facebook, de son côté, excelle dans la création de campagnes hautement personnalisées grâce à sa connaissance approfondie des préférences et des habitudes de ses utilisateurs.

En parallèle, des plateformes comme Instagram, Snapchat, et TikTok attirent une audience plus jeune et plus engagée. Ces réseaux sociaux, axés sur le visuel et la vidéo, offrent des opportunités uniques pour des campagnes créatives et immersives. TikTok, en particulier, a révolutionné la publicité en ligne avec ses formats courts et captivants, devenant un terrain de jeu privilégié pour les marques visant un public jeune et tendance.

LinkedIn continue d'être la plateforme de choix pour le marketing B2B, offrant un accès direct à des professionnels et des décideurs clés dans diverses industries. Sa capacité à cibler selon des critères professionnels spécifiques, comme le secteur d'activité, la taille de l'entreprise, ou le poste, en fait un outil inestimable pour les campagnes B2B.

En outre, l'émergence de la publicité programmatique a transformé la manière dont les espaces publicitaires sont achetés et vendus. Grâce à l'automatisation et à l'intelligence artificielle, les annonceurs peuvent désormais acheter des espaces publicitaires en temps réel, ciblant des audiences spécifiques sur une multitude de sites web et d'applications, optimisant ainsi l'efficacité et le ROI de leurs campagnes.

Enfin, il est important de noter l'ascension des plateformes de streaming comme Spotify et Netflix, qui ont ouvert de nouvelles voies pour la publicité audio et vidéo. Ces plateformes offrent des expériences publicitaires uniques, souvent intégrées de manière fluide dans le contenu, ce qui peut augmenter l'engagement et la réceptivité de l'audience.

Dans l'ensemble, le panorama des plateformes publicitaires en 2024 est un écosystème riche et diversifié, offrant aux annonceurs une multitude d'options pour atteindre leurs audiences cibles. La clé du succès réside dans la compréhension des forces de chaque plateforme et dans l'intégration de ces outils dans une stratégie publicitaire cohérente et bien ciblée.

1.2.2. Publicité sur les moteurs de recherche

La publicité sur les moteurs de recherche, un élément central du marketing digital en 2024, continue de jouer un rôle crucial dans la stratégie de toute entreprise cherchant à augmenter sa visibilité en ligne. Cette forme de publicité, souvent dominée par Google Ads, est devenue plus sophistiquée et plus intégrée, reflétant les avancées technologiques et les changements dans le comportement des utilisateurs.

Au cœur de la publicité sur les moteurs de recherche se trouve le concept de "pay-per-click" (PPC), où les annonceurs paient pour chaque clic sur leurs annonces. Ce modèle est extrêmement efficace car il permet de cibler des utilisateurs qui recherchent activement des produits ou services spécifiques. En 2024, les capacités de ciblage sont devenues plus précises, permettant aux annonceurs de cibler des audiences basées sur des critères tels que la localisation, les intérêts, les habitudes de recherche, et même les comportements d'achat.

Google Ads, la plateforme la plus populaire pour la publicité sur les moteurs de recherche, offre une variété de formats d'annonces, y compris les annonces textuelles classiques, les annonces graphiques, et les annonces vidéo. Ces annonces apparaissent non seulement dans les résultats de recherche de Google, mais aussi sur d'autres sites web partenaires dans le réseau Display de Google. Cette diversité de formats permet aux annonceurs de choisir le meilleur moyen de communiquer leur message et d'engager leur audience cible.

L'optimisation des campagnes de publicité sur les moteurs de recherche est devenue plus complexe et plus data-driven. Les annonceurs utilisent des outils avancés d'analyse et de suivi pour mesurer la performance de leurs campagnes, ajuster leurs enchères en temps réel, et optimiser leurs mots-clés et leurs messages publicitaires. L'intelligence artificielle joue un rôle croissant dans cette optimisation, aidant à prédire les comportements des utilisateurs et à automatiser les ajustements des campagnes pour maximiser le ROI.

En outre, la publicité sur les moteurs de recherche en 2024 n'est plus seulement une question de vente directe. Elle est également utilisée pour renforcer la notoriété de la marque, éduquer les consommateurs, et même influencer les décisions d'achat en amont du parcours client. Les annonceurs combinent souvent la publicité sur les moteurs de recherche avec d'autres formes de marketing digital, comme le SEO et le marketing de contenu, pour créer une stratégie de marketing en ligne complète et cohérente.

En conclusion, la publicité sur les moteurs de recherche en 2024 est un outil puissant et indispensable pour les entreprises de toutes tailles. Elle offre une visibilité immédiate, un ciblage précis, et des opportunités de conversion élevées, tout en s'intégrant parfaitement dans une stratégie marketing digitale plus large. Pour les entreprises cherchant à se démarquer dans un marché encombré, maîtriser la publicité sur les moteurs de recherche est non seulement avantageux, mais essentiel.

1.2.3. Publicité sur les réseaux sociaux

La publicité sur les réseaux sociaux, en 2024, est devenue un élément incontournable de toute stratégie de marketing digital. Avec l'évolution constante des plateformes sociales et l'augmentation de leur influence, les marques ont à leur disposition un outil puissant pour atteindre et engager leur public cible de manière directe et personnelle.

Chaque réseau social offre ses propres particularités et avantages en termes de publicité. Facebook, par exemple, reste une plateforme de choix pour cibler une audience large et diversifiée, grâce à ses options de ciblage détaillées qui incluent des critères démographiques, comportementaux, et même psychographiques. Instagram, avec son accent sur le visuel, est idéal pour les marques qui cherchent à créer des campagnes publicitaires esthétiquement attrayantes et engageantes, particulièrement efficaces pour toucher un public plus jeune.

TikTok, devenu un géant des médias sociaux, offre une plateforme unique pour des campagnes créatives et virales, en particulier auprès de la génération Z. Sa nature dynamique et orientée vers le contenu vidéo court en fait un terrain fertile pour des campagnes publicitaires innovantes et captivantes. LinkedIn, quant à lui, continue de dominer le secteur de la publicité B2B, offrant un accès direct à des professionnels et des décideurs dans divers secteurs.

L'un des aspects les plus attrayants de la publicité sur les réseaux sociaux est sa capacité à engager directement avec les consommateurs. Les marques peuvent non seulement diffuser leurs messages, mais aussi interagir avec leur audience, recevoir des commentaires en temps réel, et construire une communauté autour de leurs produits ou services. Cette interaction bidirectionnelle crée un lien plus fort entre les marques et leurs clients, augmentant la fidélité et la confiance.

En outre, la publicité sur les réseaux sociaux permet une mesure et une analyse détaillées des performances des campagnes. Les annonceurs peuvent suivre une variété de métriques, telles que les impressions, les clics, les taux d'engagement, et les conversions, ce qui leur permet d'ajuster leurs stratégies en temps réel pour optimiser les résultats. Les plateformes offrent également des outils avancés pour tester différents formats et messages publicitaires, afin de déterminer ce qui résonne le mieux avec leur audience.

En 2024, la tendance est également à l'intégration de la publicité sur les réseaux sociaux avec d'autres canaux de marketing digital. Les marques combinent souvent les campagnes sur les réseaux sociaux avec le SEO, le marketing par email, et d'autres formes de publicité en ligne pour créer une expérience omnicanale cohérente pour les consommateurs.

En résumé, la publicité sur les réseaux sociaux en 2024 est un outil dynamique et polyvalent, essentiel pour les marques cherchant à augmenter leur visibilité, à engager leur audience, et à générer des conversions. Avec ses capacités de ciblage précises, ses options de format diversifiées, et son potentiel d'interaction directe avec les consommateurs, elle représente une composante clé de toute stratégie de marketing digital réussie.

1.2.4. Tendances et innovations

En 2024, le domaine de la publicité en ligne est marqué par des tendances et innovations qui redéfinissent la manière dont les marques interagissent avec leur audience. Ces évolutions sont guidées par les progrès technologiques, les changements dans les comportements des consommateurs et la nécessité d'une plus grande personnalisation et efficacité dans les campagnes publicitaires.

Une des tendances les plus significatives est l'utilisation accrue de l'intelligence artificielle et de l'apprentissage automatique. Ces technologies permettent une personnalisation plus poussée des campagnes publicitaires, en analysant de grandes quantités de données pour comprendre les préférences et comportements des consommateurs. Les annonceurs peuvent ainsi créer des messages publicitaires qui résonnent avec chaque segment de leur audience, augmentant l'efficacité des campagnes et améliorant l'expérience utilisateur.

La réalité augmentée (RA) et la réalité virtuelle (RV) sont également en train de transformer la publicité en ligne. Ces technologies offrent des expériences immersives et interactives, permettant aux marques de se démarquer et de créer un lien émotionnel fort avec les consommateurs. Par exemple, une marque de mode peut utiliser la RA pour permettre aux clients d'essayer virtuellement des vêtements, tandis qu'une entreprise de tourisme peut utiliser la RV pour offrir des visites virtuelles de destinations lointaines.

Le marketing conversationnel, grâce aux chatbots et assistants virtuels, gagne également en popularité. Ces outils permettent une interaction en temps réel avec les consommateurs, offrant un service client personnalisé et améliorant l'engagement. Les chatbots peuvent répondre aux questions, recommander des produits et même traiter des transactions, créant ainsi une expérience d'achat fluide et interactive.

En outre, la montée de la publicité programmatique continue de transformer le paysage publicitaire. Cette approche utilise des algorithmes pour acheter automatiquement des espaces publicitaires, ciblant des audiences spécifiques au moment optimal. Cela permet une plus grande efficacité et un meilleur retour sur investissement, car les annonces sont plus susceptibles d'atteindre des personnes intéressées par le produit ou le service offert.

Enfin, l'éthique et la transparence deviennent des éléments clés dans la publicité en ligne. Avec une prise de conscience croissante des questions de confidentialité et de l'utilisation des données personnelles, les marques s'efforcent d'être plus transparentes dans leurs pratiques publicitaires. Cela inclut le respect des réglementations sur la protection des données, comme le RGPD, et la communication claire sur l'utilisation des données des consommateurs.

Ces tendances et innovations montrent que la publicité en ligne en 2024 n'est pas seulement une question de vente de produits ou services, mais aussi de création d'expériences uniques, personnalisées et éthiques pour les consommateurs. Les marques qui adoptent ces nouvelles technologies et approches sont mieux placées pour se connecter avec leur audience de manière significative et durable.

1.3 Réseaux Sociaux

1.3.1. Plateformes dominantes en 2024

En 2024, le paysage des réseaux sociaux est dominé par plusieurs plateformes, chacune ayant évolué pour répondre aux besoins changeants des utilisateurs et des annonceurs. Ces plateformes se distinguent par leurs caractéristiques uniques, leurs audiences cibles et leurs capacités à engager les utilisateurs de manière innovante et significative.

Facebook continue de régner en tant que géant des réseaux sociaux, avec une base d'utilisateurs massive et diversifiée. Sa force réside dans sa capacité à connecter les gens de tous âges et de toutes origines, offrant ainsi aux marques une portée étendue et variée. Facebook a également intégré des fonctionnalités avancées de réalité augmentée et de commerce en ligne, rendant la plateforme plus immersive et interactive pour les utilisateurs et plus attrayante pour les annonceurs.

Instagram, avec son accent sur le contenu visuel, reste une plateforme de choix pour les marques axées sur l'esthétique, telles que la mode, la beauté et le lifestyle. En 2024, Instagram a renforcé son interface avec des fonctionnalités de réalité augmentée et des options de shopping intégrées, permettant aux utilisateurs d'interagir avec les marques de manière plus dynamique et directe.

TikTok, qui a connu une ascension fulgurante au cours des dernières années, continue de captiver une audience jeune et engagée. Sa formule de contenu court, créatif et souvent viral, offre un terrain fertile pour des campagnes publicitaires innovantes et interactives. TikTok est devenu un incontournable pour les marques cherchant à atteindre la génération Z et à exploiter les tendances culturelles actuelles.

LinkedIn reste la plateforme dominante pour le réseautage professionnel et le marketing B2B. En 2024, LinkedIn a élargi ses capacités de ciblage et de contenu, permettant aux entreprises de se connecter avec des professionnels et des décideurs de manière plus précise et efficace. La plateforme est particulièrement valorisée pour le développement de relations professionnelles et la création de contenu de leadership éclairé.

Enfin, de nouvelles plateformes émergentes, répondant à des niches spécifiques ou introduisant de nouvelles façons de se connecter en ligne, commencent à gagner du terrain. Ces plateformes offrent des opportunités uniques pour les marques de se connecter avec des audiences spécifiques et d'explorer de nouvelles formes de contenu et d'engagement.

En résumé, les plateformes dominantes en 2024 offrent une diversité de canaux et d'approches pour le marketing sur les réseaux sociaux. Chaque plateforme présente des caractéristiques uniques qui peuvent être exploitées par les marques pour atteindre leurs objectifs de marketing, que ce soit pour augmenter la notoriété de la marque, engager avec des audiences spécifiques, ou générer des ventes directes. La clé du succès réside dans la compréhension des forces de chaque plateforme et dans l'adaptation des stratégies pour maximiser l'impact auprès de l'audience cible.

1.3.2. Stratégies de contenu et d'engagement

En 2024, les stratégies de contenu et d'engagement sur les réseaux sociaux sont devenues plus raffinées et centrées sur l'utilisateur, reflétant l'évolution constante des attentes et des comportements des audiences en ligne. Les marques qui réussissent dans cet espace sont celles qui comprennent l'importance de créer un contenu significatif et engageant, adapté aux spécificités de chaque plateforme et à leur public cible.

Une stratégie de contenu efficace commence par une compréhension approfondie de l'audience. Les marques doivent savoir qui sont leurs abonnés, ce qui les intéresse, et comment ils interagissent avec le contenu sur différentes plateformes. Cette compréhension permet de créer un contenu qui résonne avec l'audience, qu'il s'agisse de publications informatives, de divertissement, ou d'inspiration. En 2024, l'utilisation de l'analyse de données et de l'intelligence artificielle pour comprendre les préférences et les comportements des utilisateurs est courante, permettant une personnalisation et une pertinence accrues du contenu.

Le storytelling est un autre élément clé des stratégies de contenu. Les histoires captivantes et bien racontées peuvent créer un lien émotionnel fort avec l'audience, augmentant l'engagement et la fidélité à la marque. Les marques utilisent des récits pour partager leurs valeurs, leur mission, et leurs réussites, transformant ainsi leur contenu en expériences immersives et mémorables pour les utilisateurs.

L'engagement est tout aussi crucial que le contenu lui-même. Les marques doivent être actives et réactives sur les réseaux sociaux, en répondant aux commentaires, en participant à des conversations, et en encourageant les utilisateurs à interagir avec leur contenu. Les concours, les sondages, et les questions ouvertes sont des moyens efficaces d'encourager l'interaction et de créer une communauté autour de la marque.

La vidéo continue d'être un format de contenu dominant en 2024, avec une préférence pour les vidéos courtes, engageantes et facilement consommables. Les plateformes comme TikTok et Instagram Reels offrent des opportunités idéales pour des vidéos créatives qui peuvent devenir virales. Les marques exploitent également les vidéos en direct pour des événements, des lancements de produits, ou des sessions de questions-réponses, offrant une expérience plus authentique et personnelle.

Enfin, l'adaptation du contenu aux spécificités de chaque plateforme est essentielle. Ce qui fonctionne sur Instagram peut ne pas être efficace sur LinkedIn ou TikTok. Les marques doivent donc adapter leur message, leur ton et leur format en fonction de la plateforme et de son public. Par exemple, un contenu plus formel et axé sur le leadership éclairé peut être approprié pour LinkedIn, tandis qu'un contenu plus visuel et divertissant conviendra mieux à Instagram ou TikTok.

En résumé, les stratégies de contenu et d'engagement en 2024 nécessitent une approche holistique qui combine la compréhension de l'audience, le storytelling, l'interaction active, l'utilisation de formats de contenu variés, et l'adaptation aux différentes plateformes. Les marques qui adoptent ces stratégies sont mieux placées pour créer des liens significatifs avec leur audience, renforcer leur présence en ligne et atteindre leurs objectifs de marketing sur les réseaux sociaux.

1.3.3. Publicité et monétisation

En 2024, la publicité et la monétisation sur

les réseaux sociaux ont atteint de nouveaux sommets d'innovation et d'efficacité, offrant aux marques et aux créateurs de contenu des opportunités sans précédent pour générer des revenus. Cette évolution est le résultat d'une meilleure compréhension des comportements des utilisateurs, de l'intégration de technologies avancées, et de la création de formats publicitaires plus interactifs et personnalisés.

La publicité sur les réseaux sociaux est devenue plus sophistiquée, avec des options de ciblage précises et des formats publicitaires diversifiés. Les plateformes comme Facebook, Instagram, et TikTok offrent des outils de ciblage basés sur des données démographiques, des intérêts, des comportements d'achat, et même des interactions précédentes avec la marque. Cette précision permet aux annonceurs de diffuser leurs messages auprès des audiences les plus susceptibles d'être intéressées par leurs produits ou services, augmentant ainsi les taux de conversion et le retour sur investissement.

Les formats publicitaires ont également évolué, allant au-delà des annonces traditionnelles pour inclure des expériences immersives comme la réalité augmentée, les vidéos interactives, et les boutiques intégrées. Par exemple, les annonces en réalité augmentée sur Instagram permettent aux utilisateurs d'essayer virtuellement des produits, comme des lunettes ou du maquillage, créant une expérience d'achat engageante et ludique. De même, les vidéos interactives sur TikTok invitent les utilisateurs à participer à des défis ou à interagir avec le contenu de manière créative, augmentant l'engagement et la visibilité de la marque.

La monétisation pour les créateurs de contenu sur les réseaux sociaux a également pris de l'ampleur. Les plateformes comme YouTube et Twitch ont perfectionné leurs systèmes de partage de revenus publicitaires, offrant aux créateurs une part substantielle des revenus générés par leurs vidéos. En outre, des fonctionnalités comme les Super Chats sur YouTube et les Bits sur Twitch permettent aux fans de soutenir financièrement leurs créateurs préférés directement pendant les diffusions en direct.

Les partenariats de marque et les collaborations sont une autre source importante de revenus pour les créateurs. En travaillant directement avec les marques pour créer du contenu sponsorisé, les influenceurs peuvent générer des revenus tout en offrant à leurs abonnés du contenu pertinent et authentique. Ces partenariats sont devenus plus transparents et réglementés, assurant une divulgation claire des collaborations sponsorisées pour maintenir la confiance et l'authenticité.

Enfin, les plateformes de réseaux sociaux ont introduit de nouvelles fonctionnalités de commerce électronique, permettant aux marques et aux créateurs de vendre directement leurs produits via leurs profils et publications.

Ces fonctionnalités de shopping intégrées transforment les réseaux sociaux en canaux de vente complets, offrant une expérience d'achat fluide et intégrée pour les utilisateurs.

En conclusion, la publicité et la monétisation sur les réseaux sociaux en 2024 représentent un écosystème dynamique et en constante évolution, offrant de multiples opportunités pour les marques et les créateurs de contenu. Avec des stratégies publicitaires innovantes, des options de monétisation diversifiées, et une intégration accrue du commerce électronique, les réseaux sociaux sont devenus des plateformes puissantes pour la croissance des entreprises et la création de revenus.

1.3.4. Analyse et mesure de performance

L'analyse et la mesure de performance sur les réseaux sociaux en 2024 sont devenues des composantes essentielles de toute stratégie de marketing digital. Avec l'évolution constante des plateformes et des comportements des utilisateurs, comprendre l'impact et l'efficacité des actions entreprises sur ces canaux est crucial pour les marques et les entreprises. Cette compréhension approfondie permet d'ajuster les stratégies en temps réel, d'optimiser les ressources et d'atteindre les objectifs de manière plus efficace. Les plateformes de réseaux sociaux offrent une gamme étendue d'outils d'analyse intégrés qui permettent aux marques de suivre une variété de métriques clés. Ces métriques incluent, mais ne sont pas limitées à, le nombre de likes, de partages, de commentaires, la portée des publications, le taux d'engagement, et le nombre de clics sur les liens. Ces données fournissent des insights précieux sur la façon dont le contenu est reçu par l'audience, quel type de contenu performe le mieux, et quels sont les meilleurs moments pour publier.

En 2024, l'analyse des réseaux sociaux s'est enrichie grâce à l'intégration de l'intelligence artificielle et de l'apprentissage automatique. Ces technologies permettent une analyse plus profonde des tendances, des sentiments des utilisateurs, et des comportements d'interaction. Par exemple, l'analyse des sentiments peut révéler comment les utilisateurs perçoivent une marque ou un produit, en examinant le ton et le contexte des commentaires et des mentions sur les réseaux sociaux.

Les marques utilisent également des outils d'analyse tiers pour obtenir des insights plus détaillés et pour combiner des données provenant de différentes sources. Ces outils offrent des fonctionnalités avancées comme le suivi des conversions, l'analyse des parcours utilisateurs, et la segmentation de l'audience. En combinant les données des réseaux sociaux avec d'autres sources de données, comme le trafic du site web ou les données de vente, les marques peuvent obtenir une vue holistique de l'efficacité de leurs efforts marketing.

L'analyse des performances sur les réseaux sociaux est également essentielle pour le ROI (retour sur investissement) et la prise de décision. En mesurant l'efficacité des campagnes publicitaires, des initiatives de contenu, et des stratégies d'engagement, les entreprises peuvent déterminer quelles approches offrent le meilleur retour sur investissement et ajuster leurs budgets et ressources en conséquence.

Enfin, l'analyse et la mesure de performance ne sont pas seulement des exercices post-campagne, mais des processus continus. Les marques doivent surveiller constamment leurs performances sur les réseaux sociaux pour détecter rapidement les tendances émergentes, répondre aux changements dans les comportements des utilisateurs, et ajuster leurs stratégies en temps réel pour rester pertinentes et efficaces.

En résumé, l'analyse et la mesure de performance sur les réseaux sociaux en 2024 sont des éléments clés pour comprendre l'impact des actions marketing, optimiser les stratégies, et garantir un retour sur investissement maximal. Avec l'avènement de technologies avancées et l'intégration de données diversifiées, les marques disposent désormais d'outils puissants pour mesurer, analyser et améliorer en continu leur présence sur les réseaux sociaux.

CHAPITRE 2 : STRATÉGIES DE CONTENU

"Votre client le plus mécontent est votre meilleure source d'apprentissage."
Bill Gates

2.1 Marketing de Contenu

2.1.1 Création de contenu de qualité

Dans le domaine du marketing de contenu en 2024, la création de contenu de qualité est devenue plus que jamais une pierre angulaire des stratégies de communication des marques. Avec l'évolution constante des attentes des consommateurs et la saturation des marchés, produire du contenu qui se démarque par sa qualité, son originalité et sa pertinence est essentiel pour captiver l'attention et engager le public.

La qualité du contenu se définit

par plusieurs critères clés. Tout d'abord, l'authenticité et l'originalité sont primordiales. Les consommateurs sont constamment à la recherche de contenus qui apportent une nouvelle perspective, qui sont honnêtes et qui reflètent les valeurs de la marque. Cela implique de s'éloigner des messages génériques et de créer des contenus qui racontent une histoire, qui partagent une expérience ou qui offrent une vision unique.

Ensuite, la pertinence du contenu est cruciale. Cela signifie comprendre les besoins, les intérêts et les défis de l'audience cible et créer des contenus qui y répondent. En 2024, l'utilisation de données et d'analyses pour comprendre les préférences du public est courante, permettant aux marques de personnaliser leurs messages et de s'assurer que leur contenu est non seulement intéressant, mais aussi utile pour leur audience.

La qualité du contenu passe également par une excellente exécution. Cela inclut non seulement une écriture impeccable, mais aussi l'utilisation de visuels attrayants, de vidéos engageantes et d'autres éléments multimédias. Avec l'évolution des technologies et des plateformes, les marques ont à leur disposition une multitude de formats pour présenter leur contenu de manière créative et captivante.

De plus, la qualité du contenu est étroitement liée à sa capacité à engager et à inciter à l'action. Un contenu de qualité doit non seulement informer ou divertir, mais aussi encourager les utilisateurs à interagir avec la marque, que ce soit par des commentaires, des partages, des inscriptions ou des achats. Cela nécessite une compréhension claire des objectifs de la marque et une intégration stratégique des appels à l'action dans le contenu.

Enfin, la qualité du contenu est un processus continu et évolutif. Les marques doivent être prêtes à s'adapter, à expérimenter et à innover en matière de contenu pour rester pertinentes dans un paysage médiatique en constante évolution. Cela implique de rester à l'écoute des tendances, de recueillir des retours d'informations de l'audience et d'ajuster les stratégies de contenu en conséquence.

En résumé, la création de contenu de qualité en 2024 est un mélange complexe d'authenticité, de pertinence, d'excellence dans l'exécution, d'engagement et d'adaptabilité. Les marques qui réussissent dans cette démarche sont celles qui comprennent et respectent leur public, tout en faisant preuve de créativité et d'innovation dans la manière dont elles communiquent leurs messages.

2.1.2 Stratégies de distribution

En 2024, les stratégies de distribution de contenu sont devenues un aspect crucial du marketing de contenu, nécessitant une planification minutieuse et une exécution stratégique. Avec l'abondance de contenus disponibles en ligne, il ne suffit plus de créer du contenu de qualité ; il est également essentiel de s'assurer qu'il atteint efficacement l'audience cible. La distribution de contenu implique une compréhension approfondie des différents canaux disponibles et de la manière dont ils peuvent être utilisés pour maximiser la portée et l'impact du contenu.

L'une des clés d'une stratégie de distribution réussie est la diversification des canaux. Cela inclut non seulement les réseaux sociaux traditionnels comme Facebook, Instagram, et Twitter, mais aussi des plateformes émergentes, des blogs, des newsletters par e-mail, et même des podcasts. Chaque canal a ses propres forces et attire des segments d'audience différents. Par exemple, les réseaux sociaux sont excellents pour atteindre une large audience et encourager l'engagement, tandis que les newsletters par e-mail sont idéales pour fournir un contenu plus approfondi à un public déjà intéressé.

La personnalisation de la distribution est également essentielle. Cela signifie adapter le contenu et son format en fonction du canal de distribution. Par exemple, un contenu long et détaillé peut être mieux adapté à un blog ou à une newsletter, tandis qu'une version condensée et visuellement attrayante peut être plus efficace sur les réseaux sociaux. Cette approche garantit que le contenu est non seulement vu, mais aussi engageant pour l'audience sur chaque plateforme.

Une autre stratégie importante est l'utilisation du marketing automatisé et des outils d'analyse pour optimiser la distribution. Ces outils permettent de programmer la publication de contenu, de cibler des audiences spécifiques, et de suivre les performances en temps réel. L'analyse des données de performance aide à comprendre quel type de contenu fonctionne le mieux sur quel canal, à quel moment publier pour maximiser la visibilité, et comment ajuster les stratégies de distribution pour améliorer l'engagement et la portée.

Le partenariat avec des influenceurs et d'autres marques peut également être un moyen efficace de distribuer du contenu. Ces partenariats permettent d'atteindre de nouvelles audiences et d'ajouter de la crédibilité au contenu. En collaborant avec des influenceurs ou des marques qui partagent des valeurs similaires, les entreprises peuvent étendre leur portée de manière organique et authentique.

Enfin, il est crucial de ne pas négliger l'importance du SEO dans la distribution de contenu. Optimiser le contenu pour les moteurs de recherche assure une visibilité à long terme et peut conduire à un trafic organique constant. Cela implique l'utilisation de mots-clés pertinents, la création de liens internes et externes, et la garantie que le contenu est facilement accessible et indexable par les moteurs de recherche.

En résumé, les stratégies de distribution de contenu en 2024 nécessitent une approche multi-canal, personnalisée et axée sur les données. En comprenant les forces de chaque canal, en adaptant le contenu pour répondre aux besoins spécifiques de l'audience, et en utilisant des outils d'analyse pour optimiser la distribution, les marques peuvent s'assurer que leur contenu de qualité atteint efficacement et engage leur public cible.

2 1.3 Content marketing et SEO

En 2024, l'interrelation entre le content marketing et le SEO est plus prononcée et stratégique que jamais. Cette synergie est cruciale pour le succès en ligne des marques, car elle combine l'art de créer un contenu engageant et pertinent avec la science de l'optimisation pour les moteurs de recherche. Cette fusion permet non seulement d'attirer l'attention des audiences cibles, mais aussi de garantir que le contenu est facilement découvrable et bien classé dans les résultats de recherche.

Le content marketing se concentre sur la création de matériel qui apporte de la valeur aux utilisateurs, que ce soit sous forme d'informations, de divertissement, ou d'éducation. L'objectif est de créer un contenu qui résonne avec l'audience, établit la crédibilité de la marque et encourage l'engagement. Cependant, peu importe la qualité du contenu, s'il n'est pas optimisé pour les moteurs de recherche, il risque de ne pas atteindre son public potentiel. C'est là que le SEO entre en jeu.

Le SEO, ou l'optimisation pour les moteurs de recherche, implique l'ajustement de divers éléments du contenu pour qu'il soit mieux compris et favorisé par les moteurs de recherche comme Google. Cela comprend l'utilisation stratégique de mots-clés pertinents, la création de liens internes et externes, l'optimisation des balises meta et des images, et la garantie que le contenu est structuré de manière à être facilement indexable. Lorsque le content marketing et le SEO sont alignés, le contenu non seulement attire l'attention des lecteurs, mais est également bien positionné dans les résultats de recherche, augmentant ainsi sa visibilité et son accessibilité.

Une stratégie efficace combine ces deux éléments de manière harmonieuse. Par exemple, lors de la création de contenu, il est important de mener des recherches de mots-clés pour comprendre les termes et les questions que l'audience cible utilise pour rechercher des informations en ligne. Ces mots-clés peuvent ensuite être intégrés de manière naturelle dans le contenu, assurant qu'il répond non seulement aux besoins des utilisateurs, mais qu'il est également optimisé pour les moteurs de recherche.

En outre, la création de contenu de qualité qui attire des backlinks naturels est un autre point de convergence entre le content marketing et le SEO. Les backlinks, ou liens entrants d'autres sites web, sont un indicateur clé de la qualité et de la pertinence d'un site pour les moteurs de recherche. Un contenu engageant et informatif est plus susceptible d'être partagé et référencé par d'autres sites, ce qui améliore le profil de backlink d'un site et, par conséquent, son classement dans les résultats de recherche.

Enfin, il est essentiel de suivre et d'analyser les performances du contenu pour comprendre comment il performe à la fois du point de vue du content marketing et du SEO. Cela implique de surveiller des métriques telles que le trafic du site web, le temps passé sur la page, les taux de rebond, ainsi que les classements des mots-clés et les taux de clics (CTR) dans les résultats de recherche. Ces données peuvent fournir des insights précieux pour affiner et améliorer les stratégies futures.

En conclusion, en 2024, le content marketing et le SEO ne sont pas des stratégies isolées, mais des composantes interdépendantes d'une stratégie de marketing digital globale. L'intégration réussie de ces deux éléments est essentielle pour créer un contenu qui non seulement engage et informe les utilisateurs, mais qui est également visible et bien classé dans les résultats de recherche, maximisant ainsi la portée et l'impact du contenu en ligne.

2.1.4 Mesure de l'efficacité

La mesure de l'efficacité du marketing de contenu en 2024 est un processus complexe et multidimensionnel, essentiel pour évaluer l'impact des stratégies de contenu et pour guider les décisions marketing futures. Avec l'évolution des technologies et des comportements des consommateurs, les marques disposent d'une multitude de données et d'outils pour analyser la performance de leur contenu. Cependant, interpréter ces données de manière significative est crucial pour obtenir des insights actionnables et pour optimiser les stratégies de contenu.

L'une des premières étapes dans la mesure de l'efficacité est de définir des objectifs clairs et mesurables. Ces objectifs peuvent varier selon les besoins de la marque et peuvent inclure l'augmentation du trafic sur le site web, l'amélioration de l'engagement sur les réseaux sociaux, la génération de leads, ou l'augmentation des ventes. Une fois les objectifs définis, il est important de choisir des indicateurs de performance clés (KPIs) pertinents qui permettront de mesurer l'atteinte de ces objectifs. Par exemple, si l'objectif est d'augmenter l'engagement, les KPIs pourraient inclure le nombre de partages, de commentaires et de likes.

L'analyse du trafic web est un aspect crucial de la mesure de l'efficacité. Les outils d'analyse web, comme Google Analytics, fournissent des données détaillées sur le nombre de visiteurs, la durée des sessions, les taux de rebond, et les parcours des utilisateurs sur le site. Ces données aident à comprendre comment les utilisateurs interagissent avec le contenu et quel contenu attire et retient l'attention des visiteurs.

L'engagement sur les réseaux sociaux est un autre indicateur important de l'efficacité du contenu.

Les plateformes de réseaux sociaux offrent leurs propres outils d'analyse pour suivre l'engagement des utilisateurs avec le contenu, y compris les likes, les partages, les commentaires, et les vues. Ces métriques aident à évaluer la résonance du contenu avec l'audience et son aptitude à encourager l'interaction.

La génération de leads et les conversions sont également des mesures essentielles de l'efficacité, en particulier pour les marques axées sur les résultats commerciaux. Cela implique de suivre comment le contenu contribue à la conversion des visiteurs en leads ou en clients. L'utilisation de formulaires de capture de leads, de pages de destination spécifiques, et le suivi des conversions sont des méthodes efficaces pour mesurer cet aspect.

Enfin, il est important de réaliser une analyse qualitative du contenu. Cela inclut la collecte de retours d'informations des utilisateurs, l'analyse des commentaires, et l'évaluation de la perception de la marque. Ces insights qualitatifs peuvent compléter les données quantitatives et fournir une compréhension plus profonde de l'impact du contenu.

En conclusion, la mesure de l'efficacité du marketing de contenu en 2024 nécessite une approche holistique qui combine des analyses quantitatives et qualitatives. En définissant des objectifs clairs, en choisissant les bons KPIs, et en utilisant une variété d'outils et de méthodes pour analyser la performance, les marques peuvent obtenir une compréhension approfondie de l'efficacité de leur contenu et l'optimiser pour atteindre leurs objectifs marketing.

2.2 Storytelling et Branding Personnel

2.2.1 L'art du storytelling

En 2024, l'art du storytelling est devenu un élément central du branding personnel et du marketing de contenu. Le storytelling, ou l'art de raconter des histoires, est une technique puissante qui permet aux marques et aux individus de connecter émotionnellement avec leur audience, de transmettre des messages de manière mémorable et de se démarquer dans un paysage médiatique saturé.

Le storytelling efficace repose sur la création d'une narration qui résonne avec l'audience. Cela implique de tisser des histoires autour de valeurs, d'expériences et d'émotions qui sont significatives pour le public cible. Une bonne histoire doit avoir un début captivant, un développement engageant et une conclusion satisfaisante. Elle doit être authentique, créative et, surtout, elle doit refléter la vérité et les valeurs de la marque ou de la personne.

Dans le contexte du branding personnel, le storytelling est particulièrement puissant. Il permet aux individus de partager leur parcours, leurs défis, leurs succès et leurs leçons de manière à inspirer, éduquer et établir une connexion profonde avec leur audience. Que ce soit un entrepreneur partageant l'histoire de la création de son entreprise, un artiste discutant de ses inspirations, ou un professionnel expliquant son approche unique dans son domaine, le storytelling personnel peut transformer la manière dont les autres perçoivent une personne et sa marque.

Les marques utilisent également le storytelling pour donner vie à leur mission et à leurs valeurs. Au lieu de se concentrer uniquement sur les caractéristiques ou les avantages de leurs produits ou services, elles racontent des histoires qui illustrent l'impact de leur marque sur la vie des gens. Cela peut inclure des récits de clients satisfaits, des histoires derrière la conception d'un produit, ou des initiatives qui montrent l'engagement de la marque envers des causes sociales ou environnementales.

Le storytelling dans le marketing de contenu se manifeste à travers divers formats - blogs, vidéos, podcasts, réseaux sociaux, et même la réalité augmentée et virtuelle. Chaque format offre une manière unique de raconter des histoires et d'atteindre l'audience. Par exemple, une vidéo peut capturer des émotions visuelles et auditives, tandis qu'un blog peut offrir une narration plus détaillée et réfléchie.

Enfin, l'art du storytelling en 2024 est renforcé

par l'utilisation de données et d'analyses pour comprendre ce qui résonne avec l'audience. Les marques et les individus peuvent utiliser les retours d'informations et les interactions des utilisateurs pour affiner leurs histoires, les rendre plus pertinentes et plus impactantes.

En résumé, l'art du storytelling est une compétence essentielle dans le monde du marketing et du branding personnel en 2024. Il permet de créer des liens émotionnels, de renforcer la fidélité à la marque, et de communiquer des messages de manière puissante et mémorable. Les histoires bien racontées ont le pouvoir de captiver l'audience, de susciter l'empathie et de laisser une impression durable.

2.2.2 Construire une marque personnelle

En 2024, la construction d'une marque personnelle est devenue une démarche essentielle pour les professionnels de tous les secteurs. Une marque personnelle forte permet de se démarquer dans un marché concurrentiel, d'établir une réputation d'expertise et de créer des opportunités de carrière ou d'affaires. Le processus de construction d'une marque personnelle va au-delà de la simple autopromotion ; il s'agit de définir et de communiquer une image authentique et cohérente de soi-même.

La première étape dans la construction d'une

marque personnelle est l'auto-réflexion. Il est crucial de comprendre ses propres valeurs, passions, compétences et objectifs uniques. Cette compréhension aide à définir ce qui distingue un individu, ce qu'il peut offrir et quel message il souhaite transmettre. Il s'agit de créer une "histoire personnelle" qui reflète non seulement les compétences professionnelles, mais aussi les traits de personnalité, les expériences de vie et les motivations.

Une fois cette base établie, il est important de communiquer cette marque personnelle de manière cohérente à travers différents canaux. Cela inclut les réseaux sociaux professionnels comme LinkedIn, les plateformes de contenu comme les blogs ou YouTube, et les interactions en réseau. Chaque point de contact avec le public doit renforcer l'image de marque personnelle. Par exemple, sur les réseaux sociaux, il est essentiel de partager du contenu qui reflète l'expertise et les intérêts de l'individu, tout en engageant activement avec la communauté pour construire des relations et une crédibilité.

La création de contenu est un élément clé de la construction d'une marque personnelle. En partageant des connaissances, des idées et des expériences à travers des articles, des vidéos, des podcasts ou des posts sur les réseaux sociaux, un individu peut démontrer son expertise et sa passion. Ce contenu doit être de haute qualité, pertinent pour l'audience cible et fidèle à la voix et au style de la personne.

Le réseautage joue également un rôle crucial dans la construction d'une marque personnelle. Cela implique de se connecter avec des professionnels du même secteur, de participer à des événements de l'industrie, et de collaborer avec d'autres professionnels. Le réseautage permet non seulement de se faire connaître, mais aussi d'apprendre des autres, de gagner en visibilité et de créer des opportunités de collaboration.

Enfin, il est important de rester authentique et de maintenir une présence en ligne cohérente. La marque personnelle doit être un reflet fidèle de l'individu, et non une façade créée pour impressionner. L'authenticité attire la confiance et la loyauté, et aide à établir des relations durables avec le public.

En résumé, construire une marque personnelle en 2024 est un processus stratégique qui implique de comprendre et de communiquer sa valeur unique, de créer et de partager du contenu pertinent, de réseauter activement et de maintenir une authenticité constante. Une marque personnelle forte peut ouvrir des portes, établir une crédibilité et créer un impact durable dans la carrière professionnelle d'un individu.

2.2.3 Exemples de succès

En 2024, de nombreux exemples illustrent le succès remarquable de la construction de marques personnelles et du storytelling efficace. Ces exemples servent de modèles inspirants pour ceux qui cherchent à établir leur propre marque personnelle ou à améliorer leur stratégie de contenu.

Un exemple frappant est celui d'un entrepreneur technologique qui a utilisé son blog et sa chaîne YouTube pour partager son parcours dans le développement de sa startup. En documentant les hauts et les bas de son expérience entrepreneuriale, il a non seulement établi sa réputation en tant qu'expert dans le domaine technologique, mais a également créé une communauté fidèle de suiveurs et de futurs entrepreneurs. Ses vidéos, mêlant conseils pratiques, leçons apprises et aperçus personnels, ont attiré un large public, ce qui a conduit à des opportunités de mentorat, de partenariats et même à des offres de financement pour ses projets.

Un autre exemple est celui d'une diététicienne qui a utilisé Instagram et un blog pour partager des conseils nutritionnels, des recettes saines et des informations sur le bien-être. En adoptant une approche authentique et en partageant ses propres expériences avec des défis de santé, elle a réussi à établir une connexion profonde avec son audience. Sa capacité à présenter des informations complexes de manière accessible et engageante lui a valu une large base de fans, ainsi que des collaborations avec des marques de santé et de bien-être.

Dans le domaine de l'art, un photographe a brillamment utilisé les réseaux sociaux pour exposer son travail. En partageant l'histoire derrière chaque photo, ses techniques et ses inspirations, il a non seulement mis en valeur son talent artistique, mais a également créé une narration captivante qui a attiré l'attention des galeries d'art et des collectionneurs. Son utilisation habile du storytelling visuel a transformé son portfolio en une expérience immersive, augmentant sa visibilité et sa reconnaissance dans le monde de l'art.

Un coach en développement personnel a également démontré l'impact puissant du storytelling dans la construction de sa marque. En partageant ses expériences personnelles de surmontage d'obstacles et en offrant des conseils pratiques à travers des podcasts et des séminaires en ligne, il a établi une marque forte basée sur l'inspiration et l'autonomisation. Son approche personnelle et sincère a aidé de nombreuses personnes à atteindre leurs objectifs personnels et professionnels, ce qui a renforcé sa réputation en tant que coach influent.

Ces exemples montrent que le succès dans la construction d'une marque personnelle et le storytelling ne dépend pas seulement de l'expertise dans un domaine spécifique, mais aussi de la capacité à communiquer de manière authentique, à créer des connexions émotionnelles et à offrir de la valeur à l'audience.

Que ce soit à travers les réseaux sociaux, des blogs, des vidéos ou des podcasts, une narration efficace et une marque personnelle bien définie peuvent ouvrir des portes à de nouvelles opportunités et établir une présence durable et influente dans n'importe quel domaine.

2.2.4 Outils et techniques

En 2024, une multitude d'outils et de techniques sont disponibles pour aider à construire et à renforcer une marque personnelle et à maîtriser l'art du storytelling. Ces ressources sont essentielles pour naviguer dans le paysage numérique complexe et pour assurer que les efforts de branding et de communication sont efficaces et percutants.

Les plateformes de médias sociaux restent des outils incontournables pour le branding personnel et le storytelling. Chaque plateforme, qu'il s'agisse de LinkedIn, Instagram, Twitter, ou TikTok, offre des fonctionnalités uniques qui peuvent être exploitées pour atteindre des objectifs spécifiques. LinkedIn, par exemple, est idéal pour le networking professionnel et le partage de contenu lié à l'industrie, tandis qu'Instagram et TikTok sont parfaits pour des narrations visuelles et créatives. L'utilisation stratégique de ces plateformes implique de comprendre leurs algorithmes, de tirer parti de leurs outils d'analyse pour mesurer l'engagement, et de créer du contenu adapté à chaque audience spécifique.

Les outils de création de contenu comme Canva, Adobe Creative Suite, et des logiciels de montage vidéo tels que Final Cut Pro ou Adobe Premiere Pro sont essentiels pour produire des visuels et des vidéos de haute qualité. Ces outils permettent de créer des designs attrayants, des infographies, et des vidéos captivantes qui peuvent améliorer l'impact visuel du storytelling et rendre le contenu plus engageant.

Les plateformes de blogging comme WordPress et Medium offrent un espace pour partager des récits plus détaillés et des articles de fond. Elles sont particulièrement utiles pour établir une expertise dans un domaine spécifique et pour fournir des informations approfondies qui ne peuvent pas être entièrement explorées dans les limites des médias sociaux.

Pour le réseautage et la construction de relations, des outils comme LinkedIn Sales Navigator et des plateformes de gestion de relations clients (CRM) sont précieux. Ils permettent de suivre et d'analyser les interactions avec les contacts, d'identifier de nouvelles opportunités de réseautage, et de maintenir des relations professionnelles.

En outre, les outils d'analyse et de suivi, tels que Google Analytics, Hootsuite, ou Buffer, sont cruciaux pour mesurer l'efficacité du contenu et de la stratégie de marque personnelle. Ces outils fournissent des insights sur le trafic web, l'engagement des médias sociaux, et les performances du contenu, permettant d'ajuster les stratégies pour maximiser l'impact.

Les podcasts et les webinaires sont également des techniques efficaces pour le storytelling et le branding personnel. Ils offrent un moyen de partager des connaissances, des idées, et des histoires de manière personnelle et engageante. Les podcasts, en particulier, ont gagné en popularité comme moyen de construire une audience fidèle et d'établir une présence dans un domaine spécifique.

En conclusion, en 2024, une gamme diversifiée d'outils et de techniques est à la disposition des professionnels pour construire et renforcer leur marque personnelle et leur storytelling. L'utilisation efficace de ces ressources nécessite une compréhension claire des objectifs de marque, une connaissance des différentes plateformes et technologies, et une capacité à créer du contenu qui résonne avec l'audience cible. Avec les bons outils et techniques, il est possible de créer une marque personnelle forte et une narration captivante qui peuvent ouvrir des portes à de nouvelles opportunités et établir une présence influente dans n'importe quel domaine.

2.3 Vidéo Marketing

2.3.1. Importance du vidéo marketing

En 2024, le vidéo marketing s'est affirmé comme un élément crucial de toute stratégie de marketing digital, jouant un rôle central dans la manière dont les marques communiquent avec leur audience. L'importance du vidéo marketing découle de sa capacité à captiver l'attention, à transmettre des messages complexes de manière concise et engageante, et à générer un engagement émotionnel profond.

L'une des raisons principales de l'importance accrue du vidéo marketing est sa capacité à retenir l'attention dans un environnement numérique encombré. Avec l'abondance de contenu disponible en ligne, les vidéos se distinguent par leur dynamisme et leur capacité à raconter des histoires de manière visuelle et auditive. Elles offrent une expérience plus immersive que les formats de contenu traditionnels, comme le texte ou l'image, ce qui les rend particulièrement efficaces pour capturer et maintenir l'intérêt des spectateurs.

De plus, les vidéos sont un moyen extrêmement polyvalent de communiquer des informations. Elles peuvent être utilisées pour une variété d'objectifs, allant de la promotion de produits ou services à l'éducation des consommateurs, en passant par le renforcement de la marque et l'engagement de la communauté. Les vidéos permettent de présenter des concepts complexes de manière simple et compréhensible, ce qui les rend idéales pour expliquer des produits techniques, démontrer des procédures ou raconter l'histoire d'une marque.

L'impact émotionnel des vidéos est également un facteur clé de leur efficacité. Les vidéos peuvent utiliser des éléments tels que la musique, les dialogues, les expressions faciales et le langage corporel pour créer une connexion émotionnelle avec le spectateur. Cette capacité à évoquer des émotions renforce l'impact du message et peut conduire à une plus grande fidélité à la marque et à un engagement accru.

En outre, le vidéo marketing bénéficie de la facilité de partage sur les réseaux sociaux et d'autres plateformes en ligne. Les vidéos sont souvent plus susceptibles d'être partagées que d'autres types de contenu, ce qui augmente leur portée et leur potentiel viral. Cette caractéristique les rend particulièrement précieuses pour les campagnes visant à augmenter la notoriété de la marque ou à atteindre un large public.

Enfin, l'évolution des technologies a rendu la production de vidéos plus accessible et abordable. Avec l'avènement de smartphones de haute qualité, de logiciels de montage vidéo et de plateformes de diffusion en direct, il est devenu plus facile pour les marques de toutes tailles de créer et de diffuser du contenu vidéo. Cette accessibilité a ouvert la porte à une créativité et une innovation accrues dans le domaine du vidéo marketing.

En résumé, l'importance du vidéo marketing en

2024 réside dans sa capacité à capturer l'attention, à communiquer efficacement, à établir une connexion émotionnelle, à encourager le partage et à s'adapter à divers objectifs de marketing. Les marques qui intègrent avec succès le vidéo marketing dans leur stratégie globale peuvent s'attendre à une amélioration significative de l'engagement, de la notoriété et de l'impact de leur communication.

2.3.2. Stratégies de contenu vidéo

En 2024, l'élaboration de stratégies de contenu vidéo efficaces est devenue un aspect essentiel du marketing numérique. Avec l'augmentation constante de la consommation de vidéos en ligne, les marques doivent adopter des approches innovantes et ciblées pour se démarquer et engager leur public. La clé du succès réside dans la création de contenus vidéo qui ne sont pas seulement captivants, mais aussi alignés avec les objectifs et les valeurs de la marque.

La première étape dans l'élaboration d'une stratégie de contenu vidéo est la définition d'objectifs clairs. Ces objectifs peuvent varier de l'augmentation de la notoriété de la marque, à l'engagement de l'audience, en passant par la génération de leads ou la conversion de ventes. Une compréhension précise des objectifs permet de guider le type de contenu vidéo à produire, qu'il s'agisse de tutoriels éducatifs, de témoignages de clients, de démonstrations de produits, ou de récits de marque inspirants.

Une fois les objectifs définis, il est crucial de comprendre l'audience cible. Cela implique de connaître leurs préférences, leurs habitudes de consommation de contenu et les plateformes qu'ils fréquentent. Par exemple, un public plus jeune pourrait être plus engagé par des vidéos courtes et dynamiques sur des plateformes comme TikTok ou Instagram, tandis qu'un public professionnel pourrait préférer des webinaires détaillés ou des études de cas sur LinkedIn ou YouTube.

La diversification des formats de vidéo est également une composante importante d'une stratégie de contenu vidéo réussie. Les marques devraient explorer une variété de formats, tels que les vidéos en direct, les animations, les interviews, les vidéos explicatives et les récits visuels. Chaque format a ses propres forces et peut être utilisé pour communiquer différents aspects de la marque ou pour atteindre différents objectifs.

La qualité du contenu est un autre facteur crucial. En 2024, les standards de production vidéo sont élevés, et les audiences s'attendent à des contenus visuellement attrayants et techniquement bien produits. Cela ne signifie pas nécessairement que chaque vidéo doit avoir un budget de production élevé, mais elle doit être bien conçue, avec un bon éclairage, un son clair, et une narration cohérente.

L'optimisation des vidéos pour le référencement

(SEO) est également essentielle. Cela inclut l'utilisation de mots-clés pertinents dans les titres, les descriptions et les balises, ainsi que l'optimisation pour les recherches mobiles et les différentes plateformes de médias sociaux. Le SEO aide à assurer que les vidéos sont facilement découvrables par les audiences cibles.

Enfin, la mesure et l'analyse de la performance des vidéos sont indispensables pour affiner la stratégie de contenu vidéo. Les marques doivent suivre des métriques telles que les vues, le taux d'engagement, le temps de visionnage, et les conversions pour évaluer l'efficacité de leurs vidéos. Ces données permettent d'ajuster les approches futures et d'assurer que les vidéos continuent de répondre aux besoins et aux intérêts de l'audience.

En conclusion, une stratégie de contenu vidéo efficace en 2024 nécessite une planification minutieuse, une compréhension de l'audience, la diversification des formats, une production de qualité, l'optimisation pour le SEO, et une analyse continue des performances. En adoptant ces approches, les marques peuvent créer des vidéos qui non seulement captivent et engagent, mais qui contribuent également de manière significative à leurs objectifs marketing globaux.

2.3.3. Plateformes et formats

En 2024, le paysage des plateformes et formats

de vidéo marketing s'est considérablement diversifié, offrant aux marques une multitude d'options pour atteindre et engager leur public. Chaque plateforme présente des caractéristiques uniques et des formats spécifiques, adaptés à différents types de contenu et d'audiences. La compréhension de ces nuances est essentielle pour optimiser l'impact des stratégies de vidéo marketing.

YouTube continue de dominer en tant que plateforme de vidéo marketing incontournable, grâce à sa vaste audience et à ses capacités de référencement avancées. C'est un lieu idéal pour des vidéos plus longues et détaillées, telles que des tutoriels, des démonstrations de produits, ou des webinaires. YouTube est également efficace pour le storytelling de marque et les séries de vidéos, offrant aux marques un espace pour construire une narration approfondie et engageante.

Instagram, avec son accent sur le visuel, est parfait pour des vidéos courtes et percutantes. Les Stories Instagram et les Reels offrent des formats dynamiques pour des contenus rapides et engageants, idéaux pour capter l'attention des audiences plus jeunes. Ces formats sont excellents pour des aperçus de produits, des moments en coulisses, ou des collaborations avec des influenceurs.

TikTok a révolutionné le paysage de la vidéo avec son format de vidéo courte et virale. C'est une plateforme clé pour atteindre la génération

Z et pour créer des contenus qui peuvent devenir rapidement viraux. Les marques utilisent TikTok pour des défis, des tendances de danse, et des narrations créatives qui encouragent l'engagement des utilisateurs et la création de contenu généré par les utilisateurs.

LinkedIn s'est établi comme une plateforme de choix pour le contenu vidéo professionnel et B2B. Les vidéos sur LinkedIn sont idéales pour partager des insights d'experts, des études de cas, et des contenus éducatifs qui renforcent la crédibilité et l'autorité de la marque dans un contexte professionnel.

En dehors de ces plateformes principales, d'autres options émergentes offrent des opportunités uniques. Par exemple, des plateformes comme Twitch ou des applications de réalité augmentée/virtuelle ouvrent de nouvelles voies pour des expériences immersives et interactives.

Quant aux formats, ils varient de vidéos en direct, qui permettent une interaction en temps réel avec l'audience, à des vidéos 360° qui offrent une expérience immersive. Les vidéos animées sont également populaires pour expliquer des concepts complexes de manière simple et visuellement attrayante.

En conclusion, en 2024, le choix de la plateforme et du format de vidéo marketing doit être aligné avec les objectifs de la marque, le message du contenu, et les préférences de l'audience cible. Une stratégie de vidéo marketing réussie implique souvent une combinaison de plusieurs plateformes et formats, chacun contribuant à un aspect différent de la narration de la marque et de l'engagement du public. En exploitant judicieusement ces diverses options, les marques peuvent créer des campagnes de vidéo marketing plus dynamiques, ciblées et efficaces.

2.3.4 Mesure de l'impact et ROI

En 2024, la mesure de l'impact et du retour sur investissement (ROI) des campagnes de vidéo marketing est devenue une pratique standard pour les entreprises souhaitant évaluer l'efficacité de leurs stratégies numériques. Comprendre l'impact réel des vidéos sur les objectifs commerciaux et marketing est crucial pour justifier les investissements et pour guider les décisions stratégiques futures.

La première étape dans la mesure de l'impact des vidéos est de définir des indicateurs de performance clés (KPIs) alignés avec les objectifs spécifiques de la campagne. Ces KPIs peuvent inclure des mesures telles que le nombre de vues, le taux d'engagement (likes, commentaires, partages), la durée de visionnage, et le taux de clics sur les liens intégrés. Pour les campagnes axées sur la conversion, des KPIs tels que le taux de conversion, le nombre de leads générés, ou les ventes directement attribuables à la vidéo sont également importants.

L'analyse de ces KPIs permet aux marques de comprendre non seulement combien de personnes ont vu la vidéo, mais aussi comment elles ont interagi avec elle. Par exemple, un taux de visionnage élevé mais un faible taux d'engagement pourrait indiquer que la vidéo attire l'attention mais ne parvient pas à encourager l'action. De même, un nombre élevé de clics sur un lien intégré peut indiquer un intérêt fort pour le produit ou le service présenté.

Pour mesurer le ROI, il est essentiel de relier ces KPIs aux coûts réels de la production et de la distribution de la vidéo. Cela implique de prendre en compte les coûts de création, y compris la production, le montage, et éventuellement les frais payés aux influenceurs ou aux agences. En comparant ces coûts aux revenus générés ou à la valeur des leads obtenus, les entreprises peuvent calculer un ROI précis et comprendre l'efficacité financière de leurs campagnes vidéo.

Les outils d'analyse avancés jouent un rôle crucial dans la mesure de l'impact et du ROI. Des plateformes comme Google Analytics, les outils d'analyse intégrés des réseaux sociaux, et des logiciels spécialisés en vidéo marketing offrent des insights détaillés sur la performance des vidéos. Ces outils permettent non seulement de suivre les KPIs standard, mais aussi de réaliser des analyses plus approfondies, comme le suivi des parcours des utilisateurs, l'attribution multi-touch, et l'analyse du comportement des spectateurs.

Enfin, il est important d'adopter une approche holistique dans la mesure de l'impact des vidéos. Cela signifie considérer non seulement les mesures quantitatives, mais aussi les impacts qualitatifs, tels que l'amélioration de la notoriété de la marque, la perception de la marque par les consommateurs, et l'alignement du contenu vidéo avec les valeurs de la marque. Ces aspects qualitatifs, bien que plus difficiles à mesurer, sont essentiels pour comprendre l'impact complet des vidéos sur la stratégie marketing globale.

En résumé, la mesure de l'impact et du ROI des campagnes de vidéo marketing en 2024 nécessite une combinaison de suivi des KPIs, d'analyse des coûts, d'utilisation d'outils d'analyse avancés, et d'une évaluation holistique de l'impact qualitatif. En adoptant cette approche complète, les entreprises peuvent non seulement justifier leurs investissements en vidéo marketing, mais aussi affiner leurs stratégies pour maximiser l'impact futur.

CHAPITRE 3 : NOUVELLES TECHNOLOGIES ET MARKETING DIGITAL

"Les gens ne croient pas en ce que vous faites, ils croient en pourquoi vous le faites."

Simon Sinek

Dans 3.1 Intelligence Artificielle et Automatisation

3.1.1 IA dans le marketing digital

En 2024, l'intégration de l'intelligence artificielle (IA) dans le marketing digital a révolutionné la manière dont les entreprises interagissent avec leurs clients et optimisent leurs stratégies marketing. L'IA, avec ses capacités avancées d'analyse de données, d'apprentissage automatique et d'automatisation, a ouvert de nouvelles avenues pour la personnalisation, l'efficacité et l'innovation dans le domaine du marketing digital.

L'un des domaines les plus impactés par l'IA dans le marketing digital est la personnalisation à grande échelle. Grâce à l'analyse de données complexes et au traitement du langage naturel, l'IA permet aux marques de créer des expériences utilisateur hautement personnalisées. Cela se manifeste dans les recommandations de produits sur les sites de commerce électronique, les contenus personnalisés dans les e-mails marketing, et les publicités ciblées sur les réseaux sociaux. En comprenant les préférences et comportements des utilisateurs, l'IA aide les marques à délivrer le bon message, au bon utilisateur, au bon moment, augmentant ainsi l'engagement et la conversion.

L'automatisation, propulsée par l'IA, est un autre domaine clé. Les tâches répétitives et chronophages, telles que la segmentation des clients, l'envoi d'e-mails, et la gestion des campagnes publicitaires, peuvent être automatisées grâce à l'IA. Cela libère du temps précieux pour les équipes marketing, leur permettant de se concentrer sur des aspects plus stratégiques et créatifs du marketing. De plus, l'automatisation améliore l'efficacité et la cohérence des campagnes marketing, en réduisant les erreurs humaines et en garantissant une exécution rapide et précise.

L'IA joue également un rôle crucial dans l'analyse prédictive. En analysant d'énormes ensembles de données, l'IA peut identifier des tendances, prévoir les comportements des consommateurs et anticiper les besoins futurs du marché. Cette capacité permet aux entreprises de prendre des décisions proactives et éclairées, de développer des produits innovants et de créer des campagnes marketing qui répondent aux attentes changeantes des consommateurs.

En outre, l'IA améliore l'expérience client grâce à des chatbots et des assistants virtuels. Ces outils, alimentés par l'IA, offrent une assistance en temps réel, répondent aux questions des clients, et fournissent un support personnalisé. Cette interaction instantanée et personnalisée améliore la satisfaction client et renforce la fidélité à la marque.

Enfin, l'IA contribue à l'optimisation des campagnes marketing en temps réel. Grâce à l'apprentissage automatique, les systèmes d'IA peuvent continuellement apprendre des interactions passées et ajuster les stratégies marketing pour maximiser l'efficacité. Que ce soit en ajustant les enchères pour les publicités en ligne ou en modifiant le contenu des campagnes en fonction des retours des utilisateurs, l'IA assure que les campagnes restent pertinentes et performantes.

En conclusion, l'intégration de l'IA dans le marketing digital en 2024 a transformé la manière dont les entreprises approchent le marketing. En offrant des capacités avancées de personnalisation, d'automatisation, d'analyse prédictive, d'amélioration de l'expérience client et d'optimisation en temps réel, l'IA est devenue un outil indispensable pour les marketeurs cherchant à rester compétitifs dans un environnement numérique en constante évolution.

3.1.2 Personnalisation et IA

En 2024, la personnalisation dans le marketing digital a atteint de nouveaux sommets grâce à l'intégration avancée de l'intelligence artificielle (IA). L'IA a permis une personnalisation à un niveau beaucoup plus profond et sophistiqué, transformant la manière dont les marques interagissent avec leurs clients et offrant une expérience utilisateur hautement personnalisée et pertinente.

L'IA permet aux entreprises de collecter et d'analyser des quantités massives de données sur les comportements, les préférences et les interactions des utilisateurs. Cette capacité d'analyse en profondeur permet de créer des profils utilisateurs détaillés et de comprendre les nuances des besoins et des désirs de chaque individu. En utilisant ces informations, les marques peuvent personnaliser leurs messages, offres, et contenus de manière beaucoup plus précise et pertinente pour chaque utilisateur.

Par exemple, dans le commerce électronique, l'IA est utilisée pour recommander des produits personnalisés. En analysant le comportement de navigation, les achats précédents et les interactions avec les produits, les systèmes d'IA peuvent suggérer des articles qui correspondent aux goûts et préférences individuels des clients. Cette approche ne se limite pas aux recommandations de produits ; elle s'étend également à la personnalisation de l'ensemble de l'expérience de navigation, y compris la mise en page du site, les promotions affichées et même les communications par e-mail.

Dans le domaine du contenu, l'IA permet une personnalisation dynamique du contenu. Les systèmes d'IA peuvent ajuster le contenu affiché sur un site web ou dans une application en temps réel, en fonction des interactions de l'utilisateur. Cela signifie que chaque utilisateur reçoit une expérience de contenu unique et personnalisée, augmentant ainsi l'engagement et la pertinence.

L'IA joue également un rôle clé dans la personnalisation des campagnes publicitaires. En analysant les données démographiques, les intérêts et les comportements en ligne, l'IA peut aider à cibler les publicités de manière plus précise, en s'assurant que les messages atteignent les personnes les plus susceptibles d'être intéressées. Cette approche ciblée améliore non seulement l'efficacité des campagnes publicitaires, mais réduit également le gaspillage des ressources publicitaires.

En outre, l'IA améliore l'expérience client grâce à des interactions personnalisées. Les chatbots et assistants virtuels alimentés par l'IA peuvent fournir un support client personnalisé, répondant aux questions spécifiques des clients et offrant des recommandations basées sur leurs préférences et historiques d'achat.

En conclusion, la personnalisation grâce à l'IA en 2024 a profondément transformé le marketing digital. Elle permet aux marques de créer des expériences utilisateur uniques et pertinentes, d'améliorer l'engagement et la satisfaction des clients, et d'optimiser l'efficacité des campagnes marketing. Cette personnalisation avancée est non seulement bénéfique pour les marques en termes d'augmentation des conversions et de fidélisation des clients, mais elle améliore également considérablement l'expérience globale des utilisateurs.

3.1.3 Automatisation du marketing

En 2024, l'automatisation du marketing est devenue un élément fondamental des stratégies de marketing digital, permettant aux entreprises de toutes tailles d'optimiser leurs efforts marketing, d'améliorer l'efficacité et de personnaliser les interactions avec les clients à une échelle sans précédent. L'automatisation du marketing utilise des technologies avancées pour gérer et exécuter des tâches marketing de manière systématique et efficace, réduisant ainsi la charge de travail manuelle et augmentant la précision des campagnes.

L'un des principaux avantages de l'automatisation du marketing est sa capacité à gérer efficacement les interactions avec les clients sur divers canaux. Cela inclut l'envoi d'e-mails personnalisés, la publication de contenu sur les réseaux sociaux, la gestion des campagnes publicitaires en ligne et la mise à jour des sites web. Avec l'automatisation, ces tâches peuvent être programmées et exécutées automatiquement en fonction de déclencheurs spécifiques ou de comportements des utilisateurs, garantissant que le bon message atteint le bon client au bon moment.

L'automatisation du marketing est également essentielle pour le suivi et la gestion des leads. Les systèmes d'automatisation peuvent suivre les interactions des utilisateurs avec le site web d'une entreprise, les e-mails et les médias sociaux, enregistrant des données précieuses sur les intérêts et les comportements des clients potentiels. Ces informations sont ensuite utilisées pour segmenter les leads et personnaliser davantage les efforts de marketing, augmentant ainsi les chances de conversion.

En outre, l'automatisation du marketing joue un rôle crucial dans l'analyse et le reporting. Les outils d'automatisation fournissent des analyses détaillées sur la performance des campagnes, offrant des insights sur des aspects tels que le taux d'ouverture des e-mails, le taux de clics, le trafic du site web et les conversions. Ces données permettent aux marketeurs d'ajuster rapidement leurs stratégies, d'optimiser les campagnes en cours et de prendre des décisions éclairées basées sur des données.

L'intégration de l'intelligence artificielle dans l'automatisation du marketing a également permis des avancées significatives en termes de personnalisation et d'efficacité. L'IA peut analyser de grandes quantités de données pour identifier des tendances, prédire les comportements des clients et automatiser des décisions marketing complexes. Par exemple, l'IA peut recommander automatiquement des produits ou des services personnalisés à des clients individuels, basés sur leur historique d'achat et leurs préférences.

Enfin, l'automatisation du marketing facilite la cohérence et la conformité des messages sur tous les canaux. En centralisant la gestion des campagnes et des contenus, les entreprises peuvent s'assurer que leur message de marque reste cohérent, quel que soit le point de contact avec le client. Cela est essentiel pour construire une marque forte et fiable.

En conclusion, en 2024, l'automatisation

du marketing est un élément indispensable du marketing digital, offrant des avantages significatifs en termes d'efficacité, de personnalisation, d'analyse et de cohérence des messages. En adoptant l'automatisation, les entreprises peuvent non seulement rationaliser leurs opérations marketing, mais aussi offrir des expériences client plus riches et plus engageantes.

3.1.4 Exemples d'application

En 2024, l'application de l'intelligence artificielle (IA) et de l'automatisation dans le marketing digital s'est manifestée à travers divers exemples innovants et impactants, démontrant leur capacité à transformer les stratégies marketing des entreprises.

Un exemple notable est l'utilisation de chatbots alimentés par l'IA dans le service client. Ces chatbots, intégrés sur les sites web et les plateformes de médias sociaux, utilisent le traitement du langage naturel pour comprendre et répondre aux requêtes des clients en temps réel. Par exemple, une entreprise de commerce électronique peut utiliser un chatbot pour aider les clients à trouver des produits, répondre à des questions sur les commandes, ou résoudre des problèmes de service après-vente. Ces chatbots offrent une assistance instantanée, réduisent le temps d'attente pour les clients et libèrent les ressources humaines pour des tâches plus complexes.

Un autre exemple est l'automatisation des campagnes d'e-mail marketing. Les systèmes d'automatisation utilisent des données sur le comportement des clients, comme l'historique des achats et les interactions avec les e-mails précédents, pour envoyer des messages personnalisés. Par exemple, après qu'un client ait acheté un produit, l'IA peut déclencher une série d'e-mails personnalisés offrant des accessoires ou des produits complémentaires, augmentant ainsi les chances de ventes additionnelles.

L'IA est également utilisée pour la personnalisation du contenu sur les sites web. En fonction du comportement de navigation de l'utilisateur, de ses interactions précédentes et de ses préférences, l'IA peut modifier dynamiquement le contenu affiché sur le site web, créant une expérience hautement personnalisée. Par exemple, un site de voyage peut afficher des offres de voyage personnalisées basées sur les destinations précédemment consultées par l'utilisateur ou sur ses préférences de voyage.

Dans le domaine de la publicité en ligne, l'IA et l'automatisation ont permis une optimisation en temps réel des campagnes publicitaires. Les algorithmes d'IA analysent en continu les performances des annonces et ajustent automatiquement les enchères, les ciblages et les contenus pour maximiser le retour sur investissement. Par exemple, une campagne publicitaire sur les réseaux sociaux peut être constamment ajustée en fonction des interactions des utilisateurs, assurant que les annonces sont toujours pertinentes et efficaces.

Enfin, l'analyse prédictive basée sur l'IA est utilisée pour anticiper les tendances du marché et le comportement des consommateurs. En analysant de grandes quantités de données, les entreprises peuvent prédire les besoins futurs des clients, identifier les opportunités de marché émergentes et ajuster leurs stratégies en conséquence. Par exemple, une marque de mode peut utiliser l'analyse prédictive pour anticiper les tendances de la mode et ajuster ses collections et ses stocks en conséquence.

Ces exemples illustrent comment l'IA et l'automatisation transforment le marketing digital en 2024, en offrant des expériences client plus personnalisées, en optimisant les opérations marketing et en fournissant des insights précieux pour la prise de décision. L'adoption de ces technologies permet aux entreprises de rester compétitives dans un paysage numérique en constante évolution et d'offrir des expériences client exceptionnelles.

3.2 Réalité Augmentée et Virtuelle

3.2.1 RA/RV dans le marketing

En 2024, la réalité augmentée (RA) et la réalité virtuelle (RV) ont pris une place prépondérante dans le marketing digital, offrant des expériences immersives et interactives qui redéfinissent l'engagement client. L'adoption de ces technologies a permis aux marques de créer des campagnes publicitaires innovantes, d'améliorer l'expérience d'achat et de renforcer la connexion émotionnelle avec les consommateurs.

La RA, en particulier, a révolutionné le secteur du commerce de détail. Les marques utilisent la RA pour permettre aux clients d'essayer virtuellement des produits avant l'achat. Par exemple, une marque de cosmétiques peut offrir une application de RA qui permet aux utilisateurs de voir à quoi ressembleraient différents produits de maquillage sur leur visage en temps réel. De même, les magasins de meubles utilisent la RA pour aider les clients à visualiser comment les meubles s'intégreraient dans leur espace de vie. Ces expériences d'achat immersives non seulement améliorent la satisfaction du client, mais réduisent également les taux de retour en offrant une meilleure compréhension du produit.

Dans le domaine de la RV, les marques créent des expériences de marque complètes qui plongent les utilisateurs dans des mondes entièrement conçus. Par exemple, une entreprise automobile peut utiliser la RV pour offrir aux clients une expérience de conduite virtuelle de leur dernier modèle de voiture. Les entreprises de voyage et de tourisme utilisent la RV pour offrir des visites virtuelles de destinations, permettant aux clients de vivre une expérience de voyage avant de réserver. Ces expériences de RV ne sont pas seulement engageantes, mais elles aident également à construire une anticipation et un désir pour le produit ou le service.

La RA et la RV sont également utilisées pour des campagnes publicitaires interactives. Les marques créent des publicités où les utilisateurs peuvent interagir avec des éléments de RA ou plonger dans des expériences de RV. Ces campagnes ne se contentent pas de capter l'attention ; elles créent des souvenirs durables et renforcent l'engagement envers la marque.

En outre, ces technologies offrent des opportunités uniques pour le storytelling de marque. En utilisant la RA et la RV, les entreprises peuvent raconter des histoires de manière plus immersive et émotionnelle. Par exemple, une marque peut utiliser la RV pour transporter les utilisateurs dans l'histoire de la fondation de l'entreprise ou pour montrer l'impact de ses initiatives de développement durable.

Enfin, la RA et la RV fournissent des données précieuses sur le comportement des utilisateurs. Les marques peuvent suivre comment les utilisateurs interagissent avec les expériences de RA/RV, quels produits ils préfèrent, et combien de temps ils passent avec certaines fonctionnalités. Ces données peuvent être utilisées pour affiner les stratégies marketing et améliorer les expériences futures.

En conclusion, l'intégration de la RA et de la RV dans le marketing digital en 2024 a ouvert de nouvelles dimensions d'engagement client. En offrant des expériences d'achat immersives, des campagnes publicitaires interactives, des opportunités de storytelling captivantes et des insights comportementaux précieux, la RA et la RV permettent aux marques de se connecter avec les consommateurs d'une manière plus profonde et significative.

3.2.2 Campagnes innovantes

En 2024, l'utilisation de la réalité augmentée (RA) et de la réalité virtuelle (RV) dans les campagnes marketing a donné lieu à des initiatives publicitaires remarquablement innovantes, transformant la manière dont les marques interagissent avec leurs audiences. Ces technologies ont permis de créer des expériences publicitaires immersives et mémorables, qui non seulement captivent l'attention des consommateurs, mais renforcent également l'engagement envers la marque.

Un exemple frappant de campagne innovante est celui d'une marque de mode qui a lancé une expérience de RA permettant aux utilisateurs de visualiser et d'essayer virtuellement des vêtements et accessoires via leur smartphone.

Cette campagne a non seulement généré un buzz considérable en raison de son caractère novateur, mais a également augmenté les taux de conversion en offrant aux clients une expérience d'achat plus interactive et personnalisée.

Dans le secteur du divertissement, une grande société de production cinématographique a utilisé la RV pour créer une expérience immersive liée à la sortie d'un film très attendu. Les utilisateurs pouvaient explorer des scènes du film, interagir avec des éléments de l'histoire et même participer à des missions virtuelles. Cette campagne a non seulement stimulé l'intérêt pour le film, mais a également offert une expérience de marque profonde et engageante qui a renforcé la fidélité des fans.

Une entreprise automobile a innové en utilisant la RV pour offrir des essais virtuels de ses nouveaux modèles. Les clients pouvaient s'asseoir dans un simulateur de RV et vivre une expérience de conduite réaliste, y compris la sensation de conduire sur différents terrains et dans diverses conditions météorologiques. Cette approche a non seulement permis de surmonter les limitations des essais routiers traditionnels, mais a également permis à la marque de se démarquer dans un marché concurrentiel.

Dans le domaine de l'éducation et de la formation, une entreprise technologique a lancé une campagne de RV visant à éduquer le public sur les nouvelles technologies. Les utilisateurs pouvaient participer à des simulations interactives pour apprendre comment ces technologies fonctionnent et leur impact potentiel sur la société. Cette campagne a non seulement renforcé la position de l'entreprise en tant que leader dans l'innovation technologique, mais a également contribué à éduquer et à engager le public sur des sujets importants.

Enfin, une marque de produits de beauté a utilisé la RA pour créer une campagne interactive sur les réseaux sociaux, où les utilisateurs pouvaient essayer virtuellement différents produits de maquillage. En partageant leurs looks virtuels sur les réseaux sociaux, les utilisateurs pouvaient participer à un concours, augmentant ainsi la visibilité de la marque et encourageant l'engagement des consommateurs.

Ces exemples illustrent comment la RA et la RV peuvent être utilisées pour créer des campagnes marketing non seulement innovantes, mais aussi profondément engageantes. En offrant des expériences immersives et interactives, ces technologies permettent aux marques de se connecter avec leurs audiences de manière plus significative, de renforcer la notoriété de la marque et d'augmenter l'engagement et la fidélité des clients.

3.2.3 Intégration avec les réseaux sociaux

En 2024, l'intégration de la réalité augmentée (RA) et de la réalité virtuelle (RV) avec les réseaux sociaux a ouvert de nouvelles avenues pour le marketing digital, en créant des expériences utilisateur plus immersives et interactives. Cette convergence a permis aux marques de se connecter avec leur audience de manière plus significative, en transformant la manière dont les utilisateurs interagissent avec le contenu sur les plateformes sociales.

L'intégration de la RA dans les réseaux sociaux a notamment révolutionné l'engagement des utilisateurs. Des plateformes comme Instagram et Snapchat ont adopté la RA pour permettre aux utilisateurs de vivre des expériences interactives directement depuis leur application. Par exemple, les marques de beauté utilisent des filtres de RA pour permettre aux utilisateurs d'essayer virtuellement des produits de maquillage, tandis que les détaillants de mode offrent des essayages virtuels de vêtements. Ces expériences de RA ne se contentent pas d'augmenter l'engagement des utilisateurs ; elles offrent également un aperçu précieux des préférences des consommateurs, ce qui est essentiel pour les stratégies de marketing ciblées.

La RV, bien que moins répandue sur les réseaux sociaux en raison de sa nature plus immersive et de la nécessité d'équipements spécifiques, a également trouvé sa place. Des plateformes comme Facebook Horizon et d'autres espaces sociaux en RV permettent aux utilisateurs de s'immerger dans des environnements virtuels où ils peuvent interagir avec le contenu de la marque de manière plus profonde. Par exemple, une entreprise de voyage peut créer une expérience de RV où les utilisateurs peuvent explorer virtuellement une destination, offrant ainsi une forme unique de storytelling et de promotion.

L'intégration de la RA et de la RV avec les réseaux sociaux a également ouvert la voie à des campagnes publicitaires plus innovantes et engageantes. Les marques peuvent créer des publicités interactives en RA qui encouragent les utilisateurs à interagir avec le produit de manière ludique, augmentant ainsi la notoriété de la marque et l'engagement des consommateurs. De même, les expériences de RV partagées sur les réseaux sociaux peuvent générer du buzz et encourager le partage de contenu, élargissant ainsi la portée de la marque.

En outre, l'intégration de ces technologies avec les réseaux sociaux permet une personnalisation accrue du marketing. En utilisant les données collectées à partir des interactions des utilisateurs avec les expériences de RA et de RV, les marques peuvent affiner leurs stratégies de marketing et de contenu pour mieux répondre aux intérêts et aux besoins de leur public cible.

En conclusion, l'intégration de la RA et de la RV avec les réseaux sociaux en 2024 a considérablement enrichi l'expérience des utilisateurs et offert aux marques de nouvelles façons de se connecter avec leur audience. En créant des expériences immersives et interactives, les marques peuvent non seulement augmenter l'engagement et la notoriété, mais aussi obtenir des insights précieux sur les préférences de leurs consommateurs, ce qui est essentiel pour le succès du marketing digital à l'ère moderne.

3.2.4 Avenir de la RA/RV dans le marketing

En 2024, l'avenir de la réalité augmentée (RA) et de la réalité virtuelle (RV) dans le marketing semble prometteur et plein de potentiel. Ces technologies continuent d'évoluer à un rythme rapide, ouvrant de nouvelles possibilités pour les marques de créer des expériences client immersives et mémorables. L'impact de la RA et de la RV dans le marketing s'étend bien au-delà de simples gadgets technologiques ; elles sont en train de devenir des outils essentiels pour la narration de marque, l'engagement client et la personnalisation du marketing.

L'un des développements les plus significatifs attendus dans l'avenir de la RA et de la RV est leur intégration plus poussée dans le quotidien des consommateurs. Avec l'amélioration de la technologie et la baisse des coûts, il est prévu que davantage de personnes auront accès à ces expériences. Cela signifie que les marques pourront atteindre un public plus large et diversifié, offrant des expériences de RA et de RV dans des contextes de plus en plus variés, allant des magasins physiques aux plateformes en ligne.

Un autre aspect important de l'avenir de la RA et de la RV dans le marketing est l'amélioration de la personnalisation. Grâce aux avancées dans l'IA et l'apprentissage automatique, les expériences de RA et de RV pourront être adaptées aux préférences individuelles des utilisateurs, offrant une expérience encore plus personnalisée et pertinente. Par exemple, une expérience de RA en magasin pourrait recommander des produits spécifiques basés sur l'historique d'achat du client, tandis qu'une expérience de RV pourrait s'adapter en temps réel aux réactions et interactions de l'utilisateur.

L'avenir verra également une intégration plus profonde de la RA et de la RV dans les stratégies omnicanal. Les marques chercheront à créer des expériences cohérentes et connectées à travers les différents points de contact avec le client, qu'il s'agisse de magasins physiques, de sites web, d'applications mobiles ou de médias sociaux. Cette approche omnicanal permettra de créer un parcours client fluide et intégré, renforçant l'engagement et la fidélité à la marque.

En outre, l'avenir de la RA et de la RV dans le marketing pourrait voir l'émergence de nouvelles formes de publicité et de partenariats de marque. Par exemple, les marques pourraient collaborer avec des plateformes de jeux en RV pour créer des expériences de marque immersives, ou utiliser la RA pour offrir des publicités interactives et personnalisées dans des environnements urbains.

Enfin, il est probable que les questions éthiques et de confidentialité joueront un rôle de plus en plus important dans l'utilisation de la RA et de la RV en marketing. Les marques devront être attentives à la manière dont elles collectent et utilisent les données des utilisateurs, et s'assurer que les expériences de RA et de RV respectent la vie privée et la sécurité des consommateurs.

En conclusion, l'avenir de la RA et de la RV dans le marketing est riche de possibilités. Ces technologies offrent aux marques des opportunités uniques pour innover dans leurs stratégies de marketing, créer des expériences client captivantes et renforcer l'engagement et la fidélité à la marque. Toutefois, pour tirer pleinement parti de ces opportunités, les marques devront naviguer dans un paysage en constante évolution, en restant attentives aux avancées technologiques, aux attentes des consommateurs et aux considérations éthiques.

3.3 Blockchain et Marketing

3.3.1 Blockchain expliquée

En 2024, la blockchain est devenue un terme familier, mais sa compréhension reste souvent limitée au domaine des cryptomonnaies. Pourtant, la blockchain a un potentiel bien plus vaste, notamment dans le marketing digital. À sa base, la blockchain est une technologie de registre distribué qui permet de stocker des données de manière sécurisée, transparente et inaltérable. Cette technologie fonctionne comme une chaîne de blocs (d'où son nom), où chaque bloc contient un ensemble de transactions ou d'informations, lié de manière cryptographique au bloc précédent, formant ainsi une chaîne.

L'un des principaux atouts de la blockchain est sa nature décentralisée. Contrairement aux bases de données traditionnelles gérées par une entité centrale, la blockchain est distribuée sur un réseau d'ordinateurs, ce qui rend les données à la fois plus sécurisées et résistantes à la manipulation. Chaque transaction sur la blockchain est vérifiée par un consensus du réseau, ce qui garantit l'authenticité et la fiabilité des informations enregistrées.

Dans le contexte du marketing, la blockchain offre plusieurs avantages. Premièrement, elle assure une transparence accrue. Les entreprises peuvent utiliser la blockchain pour créer un historique transparent et vérifiable de leurs produits, de la production à la livraison. Cela peut être particulièrement utile pour les marques qui veulent prouver l'authenticité de leurs produits ou démontrer leur engagement envers des pratiques éthiques et durables.

Deuxièmement, la blockchain offre des possibilités

améliorées en matière de sécurité des données. Dans un monde où la protection des données des consommateurs est de plus en plus préoccupante, la blockchain peut offrir une solution plus sécurisée pour le stockage et la gestion des données clients. Cela peut aider à renforcer la confiance des consommateurs envers les marques qui utilisent cette technologie.

En outre, la blockchain facilite l'implémentation de contrats intelligents (smart contracts). Ces contrats auto-exécutables, qui s'activent lorsque certaines conditions sont remplies, peuvent automatiser divers aspects du marketing et des ventes, comme la gestion des récompenses de fidélité, la vérification des droits d'auteur ou la mise en œuvre de programmes d'affiliation.

Enfin, la blockchain ouvre la voie à de nouvelles formes de publicité et de promotion. Par exemple, elle peut être utilisée pour créer des systèmes de récompense transparents et sécurisés pour les consommateurs qui partagent leurs données ou participent à des campagnes publicitaires.

En résumé, la blockchain dans le marketing va bien au-delà des cryptomonnaies. Elle offre des possibilités innovantes pour la transparence, la sécurité des données, l'automatisation des processus et la création de nouvelles stratégies de marketing. Alors que la technologie continue d'évoluer, son potentiel dans le domaine du marketing ne fait que croître, offrant aux entreprises des opportunités uniques pour se connecter avec leurs clients de manière plus sécurisée et engageante.

3.3.2 Applications dans le marketing

En 2024, la blockchain a trouvé des applications révolutionnaires dans le domaine du marketing, transformant la manière dont les entreprises interagissent avec les consommateurs et gèrent les données. L'utilisation de cette technologie dans le marketing digital offre non seulement une plus grande transparence et sécurité, mais ouvre également la voie à des méthodes de marketing plus innovantes et efficaces.

L'une des applications les plus notables de la blockchain dans le marketing est la gestion de la fidélité et des récompenses. Les programmes de fidélité basés sur la blockchain permettent aux entreprises de créer des systèmes de récompense transparents et sécurisés. Les consommateurs peuvent accumuler et échanger des points de fidélité de manière plus efficace, avec la garantie que leurs données et leurs transactions sont sécurisées et immuables. Cette approche renforce la confiance des clients et améliore leur engagement envers la marque.

La blockchain est également utilisée pour assurer la transparence de la chaîne d'approvisionnement, ce qui est particulièrement pertinent pour les marques axées sur la durabilité et l'éthique. Les entreprises peuvent utiliser la blockchain pour enregistrer et suivre l'origine et le parcours de leurs produits, de la source à la vente. Cette transparence permet aux consommateurs de vérifier l'authenticité des produits et les pratiques durables de l'entreprise, renforçant ainsi la confiance et la loyauté envers la marque.

Dans le domaine de la publicité numérique, la blockchain offre des solutions pour combattre la fraude publicitaire et améliorer la transparence des transactions publicitaires. En utilisant la blockchain, les entreprises peuvent s'assurer que leurs annonces sont diffusées de manière sécurisée et que les données relatives aux impressions et aux clics sont fiables et inviolables. Cela permet une meilleure optimisation des campagnes publicitaires et une allocation plus efficace des budgets publicitaires.

La blockchain facilite également la mise en œuvre de contrats intelligents dans les campagnes marketing. Ces contrats automatisés peuvent être utilisés pour gérer des accords avec des influenceurs, des partenariats de co-marketing ou des programmes d'affiliation. Les contrats intelligents garantissent que toutes les parties respectent leurs engagements et que les paiements ou les récompenses sont distribués automatiquement une fois les conditions remplies, simplifiant ainsi les processus et réduisant les risques de non-conformité.

En outre, la blockchain permet une gestion plus sécurisée des données clients. Dans un contexte où la protection des données personnelles est devenue une préoccupation majeure, la blockchain offre une solution pour stocker et gérer les données de manière sécurisée et transparente. Cela peut aider les entreprises à se conformer aux réglementations sur la protection des données tout en renforçant la confiance des consommateurs.

En conclusion, les applications de la blockchain dans le marketing digital en 2024 sont vastes et variées. De la gestion des programmes de fidélité à la transparence de la chaîne d'approvisionnement, en passant par la lutte contre la fraude publicitaire et la gestion sécurisée des données, la blockchain offre aux entreprises des outils puissants pour améliorer leurs stratégies marketing, renforcer la confiance des consommateurs et optimiser l'efficacité de leurs campagnes. À mesure que la technologie continue de se développer, son potentiel dans le marketing digital ne fera que croître, offrant des opportunités encore plus innovantes pour les marques.

3.3.3 Transparence et sécurité

En 2024, la transparence et la sécurité dans le marketing digital ont pris une importance accrue, et la blockchain est au cœur de cette évolution. La capacité unique de la blockchain à offrir une transparence inégalée et une sécurité renforcée a transformé la manière dont les entreprises gèrent les données et interagissent avec les consommateurs.

La transparence est l'un des principaux avantages de la blockchain dans le marketing. Grâce à son registre distribué et immuable, chaque transaction ou interaction enregistrée sur la blockchain est transparente et vérifiable par tous les participants du réseau. Cette caractéristique est particulièrement bénéfique pour les marques soucieuses de démontrer leur engagement envers des pratiques éthiques et durables. Par exemple, une entreprise peut utiliser la blockchain pour tracer l'origine et le parcours de ses produits, offrant ainsi aux consommateurs la possibilité de vérifier l'authenticité des produits et les allégations de durabilité de la marque. Cette transparence renforce la confiance des consommateurs et améliore l'image de la marque.

En termes de sécurité, la blockchain offre un niveau de protection des données supérieur aux méthodes traditionnelles. Les données stockées sur la blockchain sont cryptées et réparties sur un réseau décentralisé, ce qui les rend pratiquement inviolables. Cette sécurité renforcée est essentielle dans un contexte où les violations de données et les préoccupations en matière de confidentialité sont monnaie courante. Les entreprises peuvent stocker les données des clients sur la blockchain en toute sécurité, assurant ainsi la protection des informations sensibles et renforçant la confiance des clients.

La blockchain contribue également à la sécurité et à la transparence dans le domaine de la publicité numérique. Elle permet de lutter contre la fraude publicitaire en fournissant un enregistrement transparent et inviolable des impressions publicitaires, des clics et des conversions. Les annonceurs peuvent ainsi s'assurer que leurs budgets publicitaires sont dépensés de manière efficace et que les résultats des campagnes sont authentiques. Cette transparence aide également à établir des relations de confiance entre les annonceurs, les éditeurs et les consommateurs.

De plus, la blockchain facilite l'implémentation de contrats intelligents dans les campagnes marketing. Ces contrats automatisés, exécutés sur la blockchain, garantissent que toutes les parties respectent leurs engagements. Par exemple, dans une campagne d'affiliation, un contrat intelligent peut automatiquement déclencher un paiement une fois qu'une vente est confirmée, assurant ainsi une rémunération équitable et transparente pour toutes les parties impliquées.

En conclusion, la transparence et la sécurité apportées par la blockchain dans le marketing digital en 2024 sont des atouts majeurs pour les entreprises. En adoptant cette technologie, les marques peuvent non seulement renforcer la confiance des consommateurs, mais aussi améliorer l'efficacité et l'authenticité de leurs campagnes marketing. La blockchain offre une solution robuste pour naviguer dans un paysage numérique où la protection des données et la transparence des opérations sont de plus en plus valorisées par les consommateurs et les régulateurs.

3.3.4 Cas d'études

En 2024, plusieurs études de cas illustrent l'impact révolutionnaire de la blockchain sur le marketing digital, démontrant comment différentes entreprises ont adopté cette technologie pour améliorer la transparence, la sécurité et l'efficacité de leurs stratégies marketing.

Un cas d'étude notable est celui d'une grande marque de produits de luxe qui a utilisé la blockchain pour lutter contre la contrefaçon et renforcer la confiance des consommateurs. La marque a intégré la technologie blockchain pour créer un système de traçabilité de ses produits, de la fabrication à la vente. Chaque produit était accompagné d'un certificat numérique stocké sur la blockchain, garantissant son authenticité. Cette initiative a non seulement aidé à protéger la marque contre la contrefaçon, mais a également renforcé la confiance des consommateurs dans l'authenticité et la qualité des produits.

Un autre exemple est celui d'une entreprise de l'industrie alimentaire qui a utilisé la blockchain pour assurer la transparence de sa chaîne d'approvisionnement. La société a enregistré toutes les étapes de la production, du transport et de la distribution de ses produits sur une blockchain accessible au public. Les consommateurs pouvaient scanner un code QR sur les produits pour accéder à l'historique complet de la chaîne d'approvisionnement. Cette transparence a non seulement amélioré la confiance des consommateurs, mais a également permis à l'entreprise de se démarquer dans un marché de plus en plus axé sur la durabilité et l'éthique.

Dans le secteur de la publicité numérique, une campagne innovante a utilisé la blockchain pour créer un système de récompense transparent et sécurisé pour les utilisateurs qui partagent leurs données. Les utilisateurs pouvaient choisir de partager certaines de leurs données en échange de tokens de blockchain, qui pouvaient être utilisés pour des achats ou des services au sein de l'écosystème de la marque. Cette approche a permis à l'entreprise de collecter des données précieuses tout en respectant la vie privée des utilisateurs et en les récompensant pour leur participation.

Un autre cas d'étude concerne une entreprise de technologie qui a mis en place des contrats intelligents pour gérer ses partenariats d'affiliation. Les contrats intelligents automatisaient le processus de paiement des commissions, garantissant que les affiliés étaient payés de manière juste et transparente en fonction des ventes réalisées. Cette automatisation a non seulement réduit les coûts administratifs, mais a également renforcé les relations avec les partenaires grâce à une plus grande transparence et fiabilité.

Enfin, une entreprise de divertissement a utilisé la blockchain pour créer une expérience de fan unique. Les fans pouvaient acheter des tokens de blockchain qui leur donnaient accès à des contenus exclusifs, des événements spéciaux et des interactions directes avec les artistes. Cette stratégie a non seulement généré de nouvelles sources de revenus pour l'entreprise, mais a également créé une communauté de fans plus engagée et fidèle.

Ces études de cas démontrent la polyvalence et l'efficacité de la blockchain dans divers aspects du marketing digital. De la traçabilité des produits à la gestion des données des consommateurs, en passant par la publicité et l'engagement des fans, la blockchain offre aux entreprises des moyens innovants d'améliorer la transparence, la sécurité et l'efficacité de leurs opérations marketing. À mesure que la technologie continue d'évoluer, son potentiel dans le domaine du marketing ne fait que s'accroître, offrant des opportunités toujours plus innovantes pour les marques.

CHAPITRE 4 : ANALYSE ET DATA SCIENCE

"La créativité, c'est juste connecter les choses. Quand vous demandez aux gens créatifs comment ils ont fait quelque chose, ils se sentent un peu coupables parce qu'ils ne l'ont pas vraiment fait, ils ont juste vu quelque chose."

Steve Jobs

4.1 Big Data dans le Marketing Digital

4.1.1 Introduction au Big Data

En 2024, le Big Data est devenu un élément incontournable du marketing digital, jouant un rôle crucial dans la manière dont les entreprises comprennent, interagissent avec, et répondent à leurs clients. Le terme "Big Data" fait référence à des ensembles de données extrêmement volumineux qui sont analysés par des technologies avancées pour révéler des tendances, des schémas et des associations, en particulier en ce qui concerne le comportement humain et les interactions.

L'introduction du Big Data dans le marketing digital a marqué une transformation significative dans la prise de décision et la stratégie des entreprises. Avec l'accès à une quantité massive d'informations provenant de diverses sources - réseaux sociaux, transactions en ligne, données mobiles, et plus encore - les entreprises peuvent désormais obtenir une compréhension approfondie des besoins, des préférences et des comportements de leurs clients. Cette richesse d'informations permet aux marketeurs de créer des campagnes plus ciblées, de personnaliser les expériences client et d'optimiser les stratégies de marketing pour une efficacité maximale.

Le Big Data dans le marketing digital ne se limite pas à la collecte de grandes quantités de données ; il s'agit également de la capacité à analyser et à interpréter ces données pour en tirer des insights actionnables. L'utilisation d'outils d'analyse avancés, d'intelligence artificielle et d'apprentissage automatique permet aux entreprises de traiter et d'analyser rapidement de grands volumes de données, transformant ainsi des informations brutes en connaissances précieuses.

Cette approche basée sur les données permet une segmentation plus précise du marché, une meilleure compréhension du parcours client et une optimisation en temps réel des campagnes marketing. Par exemple, en analysant les données de comportement des utilisateurs sur un site web, une entreprise peut identifier les points de friction dans le parcours d'achat et apporter des améliorations pour augmenter les taux de conversion.

En outre, le Big Data joue un rôle clé dans la prévision des tendances et des comportements futurs des consommateurs. En identifiant les schémas dans les données historiques, les entreprises peuvent anticiper les besoins futurs des clients, adapter leurs produits et services en conséquence, et rester en avance sur la concurrence.

En conclusion, le Big Data a radicalement changé le paysage du marketing digital, offrant aux entreprises des opportunités sans précédent pour comprendre et répondre efficacement à leurs clients. En exploitant le pouvoir du Big Data, les entreprises peuvent non seulement améliorer leurs stratégies marketing, mais aussi renforcer leur position sur le marché et créer des expériences client plus enrichissantes et personnalisées.

4.1.2 Collecte et gestion des données

En 2024, la collecte et la gestion des données dans le cadre du Big Data sont devenues des aspects cruciaux du marketing digital, nécessitant une attention méticuleuse et stratégique. La capacité d'une entreprise à collecter efficacement des données pertinentes et à les gérer de manière responsable et efficace est essentielle pour tirer pleinement parti du potentiel du Big Data.

La collecte de données dans le marketing digital s'effectue à travers une multitude de canaux. Les entreprises recueillent des informations à partir des interactions des utilisateurs sur les sites web, des applications mobiles, des médias sociaux, des transactions en ligne, et même des dispositifs connectés dans le cadre de l'Internet des Objets (IoT). Chaque interaction fournit des données précieuses qui peuvent inclure des informations sur les habitudes de navigation, les préférences d'achat, les comportements de recherche, et les réactions aux campagnes marketing. Pour maximiser l'efficacité de la collecte de données, les entreprises utilisent des outils avancés tels que les cookies, les pixels de suivi, et les logiciels d'analyse web.

Cependant, la simple collecte de données n'est pas suffisante. La gestion efficace de ces données est tout aussi cruciale. Cela implique l'organisation, le stockage et l'analyse des données collectées de manière à ce qu'elles soient accessibles, utilisables et sécurisées. Les entreprises doivent mettre en place des systèmes de gestion de données robustes qui peuvent stocker de grandes quantités de données tout en garantissant leur intégrité et leur confidentialité. Cela comprend l'utilisation de bases de données évolutives, de solutions de stockage en cloud, et de systèmes de gestion de données qui permettent un accès et une analyse rapides des données.

La sécurité des données est un autre aspect crucial de leur gestion. Avec l'augmentation des préoccupations en matière de confidentialité des données et la mise en place de réglementations strictes telles que le RGPD, les entreprises doivent s'assurer que les données sont collectées, stockées et utilisées de manière conforme et sécurisée. Cela implique la mise en œuvre de protocoles de sécurité robustes, le cryptage des données, et des politiques claires en matière de confidentialité des données.

En outre, la qualité des données est essentielle pour des analyses précises. Les entreprises doivent mettre en place des processus pour nettoyer et valider les données, en éliminant les doublons, en corrigeant les erreurs, et en s'assurant que les données sont à jour et précises. Une bonne qualité des données garantit que les insights tirés des analyses sont fiables et pertinents.

Enfin, la gestion des données implique également l'analyse et l'interprétation des données pour en tirer des insights actionnables. Les entreprises utilisent des outils d'analyse de données avancés, y compris l'intelligence artificielle et l'apprentissage automatique, pour analyser les tendances, identifier les schémas et prédire les comportements des consommateurs. Ces analyses permettent aux entreprises de prendre des décisions éclairées, de personnaliser les expériences client et d'optimiser les stratégies marketing.

En conclusion, la collecte et la gestion des données dans le cadre du Big Data sont des éléments fondamentaux du marketing digital en 2024. Une gestion efficace des données permet aux entreprises de maximiser l'utilisation des informations collectées, d'améliorer la prise de décision, de renforcer la sécurité et la conformité, et d'offrir des expériences client plus personnalisées et engageantes.

4.1.3 Analyse de données pour le marketing

En 2024, l'analyse de données est devenue un pilier central du marketing digital, permettant aux entreprises de transformer d'énormes volumes de données brutes en insights précieux et actionnables. Cette capacité d'analyser et d'interpréter les données est cruciale pour comprendre les comportements des consommateurs, optimiser les stratégies marketing et améliorer les résultats commerciaux. L'analyse de données dans le marketing digital implique l'utilisation de techniques et d'outils sophistiqués pour examiner les données collectées à partir de diverses sources. Cela inclut les données de navigation web, les interactions sur les réseaux sociaux, les historiques d'achat, les réponses aux campagnes publicitaires, et bien plus encore. En analysant ces données, les entreprises peuvent identifier des tendances, des modèles de comportement, des préférences des consommateurs et des opportunités de marché. Par exemple, l'analyse des données de navigation peut révéler les parcours les plus courants que les clients empruntent sur un site web, aidant ainsi à optimiser l'expérience utilisateur et à augmenter les taux de conversion.

L'un des aspects les plus puissants de l'analyse de données est la segmentation du marché. En segmentant les consommateurs en groupes basés sur des critères tels que l'âge, le sexe, la localisation géographique, les intérêts et les comportements d'achat, les entreprises peuvent créer des campagnes marketing ciblées et personnalisées. Cette approche ciblée est non seulement plus efficace en termes de coût, mais elle augmente également la pertinence et l'efficacité des messages marketing, améliorant ainsi l'engagement et la fidélité des clients.

L'analyse prédictive, une branche de l'analyse de données, joue également un rôle crucial dans le marketing digital. En utilisant des modèles statistiques et des algorithmes d'apprentissage automatique, les entreprises peuvent prédire les tendances futures, les comportements des consommateurs et les résultats des campagnes marketing. Par exemple, l'analyse prédictive peut aider à anticiper quels produits un client est susceptible d'acheter ensuite, permettant ainsi aux entreprises de proposer des recommandations personnalisées et opportunes.

En outre, l'analyse de données aide à mesurer et à optimiser le retour sur investissement (ROI) des campagnes marketing. En suivant des indicateurs clés tels que le taux de clics, le taux de conversion, le coût par acquisition et la valeur à vie du client, les entreprises peuvent évaluer l'efficacité de leurs campagnes et ajuster leurs stratégies pour maximiser le ROI. Cette approche basée sur les données assure que les ressources marketing sont allouées de manière à générer le meilleur rendement possible.

Enfin, l'analyse de données permet une prise de décision plus rapide et plus éclairée. Avec l'accès à des insights en temps réel, les entreprises peuvent réagir rapidement aux changements du marché, aux comportements des consommateurs et aux performances des campagnes. Cette agilité est essentielle dans un environnement commercial en constante évolution, où la capacité à s'adapter rapidement peut être un facteur clé de succès.

En conclusion, l'analyse de données pour le

marketing en 2024 est un domaine dynamique et essentiel, permettant aux entreprises de naviguer efficacement dans le paysage complexe du marketing digital. En transformant les données en insights précieux, les entreprises peuvent créer des stratégies marketing plus ciblées, personnalisées et efficaces, améliorant ainsi l'engagement des clients et les résultats commerciaux.

4.1.4 Protection de la vie privée et éthique

En 2024, la protection de la vie privée et les considérations éthiques associées à l'analyse de données dans le marketing digital sont devenues des sujets de préoccupation majeurs pour les entreprises et les consommateurs. Avec l'augmentation de la collecte et de l'analyse de données massives, il est impératif que les entreprises abordent ces questions de manière responsable pour maintenir la confiance des consommateurs et se conformer aux réglementations en vigueur.

La protection de la vie privée des consommateurs est au cœur des préoccupations éthiques liées à l'analyse de données. Les entreprises doivent s'assurer que les données personnelles sont collectées, stockées et utilisées de manière à respecter la confidentialité des individus. Cela implique de mettre en place des protocoles de sécurité robustes pour protéger les données contre les accès non autorisés ou les violations, et de s'assurer que les données sont cryptées et sécurisées. De plus, les entreprises doivent être transparentes quant à la manière dont les données sont collectées et utilisées, et obtenir le consentement explicite des consommateurs pour leur traitement.

La conformité avec les réglementations sur la protection des données, telles que le Règlement Général sur la Protection des Données (RGPD) de l'Union européenne ou le California Consumer Privacy Act (CCPA), est également essentielle. Ces réglementations imposent des exigences strictes en matière de gestion des données personnelles, y compris le droit pour les consommateurs de savoir quelles données sont collectées à leur sujet, de demander la suppression de leurs données et de refuser leur utilisation à des fins de marketing. Les entreprises doivent s'assurer qu'elles sont pleinement conformes à ces réglementations pour éviter des sanctions importantes et préserver leur réputation.

En outre, les considérations éthiques vont au-delà de la simple conformité légale. Les entreprises doivent adopter une approche éthique dans leur utilisation des données, en veillant à ce que les insights tirés de l'analyse de données ne soient pas utilisés pour manipuler ou exploiter les consommateurs. Cela inclut l'évitement de pratiques telles que le ciblage excessivement intrusif, la discrimination basée sur les données ou l'utilisation de données sensibles de manière non éthique.

L'importance de l'éthique dans l'analyse de données est également liée à la construction de la confiance des consommateurs. Dans un environnement où les préoccupations concernant la vie privée et la sécurité des données sont élevées, les entreprises qui démontrent un engagement envers des pratiques éthiques et responsables peuvent se différencier et renforcer la fidélité de leurs clients.

En conclusion, la protection de la vie privée et l'éthique dans l'analyse de données pour le marketing digital en 2024 sont des aspects essentiels que les entreprises doivent aborder avec sérieux. En adoptant des pratiques responsables et conformes en matière de gestion des données, et en s'engageant à utiliser les données de manière éthique et transparente, les entreprises peuvent non seulement respecter les réglementations, mais aussi renforcer la confiance et la loyauté de leurs clients.

4.2 Analyse Prédictive et Comportementale

4.2.1 Fondements de l'analyse prédictive

En 2024, l'analyse prédictive est devenue un

outil essentiel dans le domaine du marketing digital, permettant aux entreprises de prévoir les tendances futures, les comportements des consommateurs et les résultats des campagnes. Fondée sur l'utilisation de données, de statistiques et de modèles d'apprentissage automatique, l'analyse prédictive aide les entreprises à anticiper les besoins et les désirs des clients, à optimiser les stratégies marketing et à prendre des décisions éclairées.

L'analyse prédictive repose sur la collecte et l'analyse de grandes quantités de données historiques et actuelles. Ces données peuvent inclure des informations sur les transactions des clients, les interactions sur les sites web et les réseaux sociaux, les habitudes d'achat, et même des données externes telles que les tendances économiques ou les conditions météorologiques. En analysant ces données, les entreprises peuvent identifier des modèles et des tendances qui les aident à comprendre le comportement passé et actuel des consommateurs.

Une fois ces modèles identifiés, l'analyse prédictive utilise diverses techniques statistiques et d'apprentissage automatique pour créer des modèles prédictifs. Ces modèles sont capables de prédire des résultats futurs en se basant sur les données historiques. Par exemple, un modèle prédictif peut être utilisé pour anticiper quels clients sont susceptibles de répondre positivement à une certaine campagne marketing, quelles sont les probabilités de désabonnement d'un service, ou quels produits un client est susceptible d'acheter ensuite.

L'un des principaux avantages de l'analyse prédictive est sa capacité à aider les entreprises à prendre des décisions proactives plutôt que réactives. Au lieu d'attendre que les tendances se manifestent, les entreprises peuvent utiliser l'analyse prédictive pour anticiper les changements du marché et ajuster leurs stratégies en conséquence. Cela peut conduire à une meilleure allocation des ressources, à des campagnes marketing plus ciblées et à une amélioration globale de l'efficacité opérationnelle.

En outre, l'analyse prédictive joue un rôle crucial dans la personnalisation du marketing. En comprenant les comportements et les préférences individuels des clients, les entreprises peuvent créer des expériences personnalisées qui augmentent l'engagement et la fidélité des clients. Par exemple, en prédisant les préférences de produits d'un client, une entreprise peut personnaliser ses recommandations de produits, offrant ainsi une expérience d'achat plus pertinente et satisfaisante.

En conclusion, les fondements de l'analyse prédictive dans le marketing digital en 2024 reposent sur la capacité à transformer de grandes quantités de données en insights précieux et prédictifs. En anticipant les tendances futures et en comprenant les comportements des consommateurs, les entreprises peuvent optimiser leurs stratégies marketing, offrir des expériences client personnalisées et rester compétitives dans un marché en constante évolution.

4.2.2 Comprendre le comportement des consommateurs

En 2024, comprendre le comportement des consommateurs est devenu un aspect fondamental du marketing digital, permettant aux entreprises de créer des stratégies plus efficaces et personnalisées. L'analyse du comportement des consommateurs implique l'étude approfondie des actions, des motivations, des préférences et des décisions d'achat des clients, en utilisant une combinaison de données quantitatives et qualitatives.

L'analyse des comportements des consommateurs commence par la collecte de données à travers divers points de contact. Cela inclut les interactions sur les sites web, les applications mobiles, les réseaux sociaux, les points de vente physiques et les interactions avec les services clients. Ces données fournissent des informations précieuses sur la manière dont les consommateurs interagissent avec la marque, les produits qu'ils préfèrent, les chemins qu'ils empruntent avant de faire un achat, et les facteurs qui influencent leurs décisions d'achat.

L'utilisation d'outils d'analyse avancés permet aux entreprises de déchiffrer ces vastes ensembles de données pour identifier des tendances et des modèles. Par exemple, l'analyse des parcours de navigation sur un site web peut révéler les étapes clés où les clients abandonnent leur panier, tandis que l'analyse des interactions sur les réseaux sociaux peut fournir des insights sur les attitudes et les perceptions des consommateurs envers la marque.

En plus des données quantitatives, la compréhension du comportement des consommateurs implique également l'analyse de données qualitatives, telles que les commentaires des clients, les avis et les retours d'expérience. Ces informations qualitatives offrent un aperçu plus profond des motivations, des besoins et des préoccupations des clients, complétant ainsi les données quantitatives pour créer une image complète du comportement des consommateurs.

L'analyse comportementale aide également à segmenter les clients en groupes distincts en fonction de leurs comportements, de leurs préférences et de leurs caractéristiques démographiques. Cette segmentation permet aux entreprises de cibler leurs messages marketing de manière plus précise, en créant des campagnes qui résonnent avec les besoins et les désirs spécifiques de chaque segment.

De plus, la compréhension du comportement des consommateurs est essentielle pour la personnalisation. En identifiant les préférences individuelles et les comportements d'achat, les entreprises peuvent personnaliser leurs offres, recommandations et communications pour chaque client. Cette approche personnalisée augmente non seulement l'efficacité des campagnes marketing, mais améliore également l'expérience client, renforçant ainsi la fidélité et la satisfaction.

En conclusion, comprendre le comportement des consommateurs en 2024 est crucial pour le succès du marketing digital. En combinant l'analyse de données quantitatives et qualitatives, les entreprises peuvent obtenir une compréhension approfondie de leurs clients, ce qui leur permet de créer des stratégies marketing plus ciblées, personnalisées et efficaces. Cette approche centrée sur le client est essentielle pour construire des relations durables et pour rester compétitif dans un marché en constante évolution.

4.2.3 Outils et techniques

En 2024, une gamme diversifiée d'outils et de techniques est utilisée pour mener à bien l'analyse prédictive et comportementale dans le marketing digital. Ces outils et techniques permettent aux entreprises de collecter, d'analyser et d'interpréter efficacement les données pour comprendre et anticiper les comportements des consommateurs. Les outils d'analyse de données avancés sont au cœur de l'analyse prédictive et comportementale. Des plateformes comme Google Analytics, Adobe Analytics, et d'autres outils spécialisés fournissent des insights détaillés sur le comportement des utilisateurs en ligne. Ces outils permettent de suivre les parcours des utilisateurs sur les sites web, d'analyser les taux de conversion, de mesurer l'engagement sur les différentes pages et de comprendre les schémas de navigation. Ils offrent également des fonctionnalités de segmentation avancée, permettant aux entreprises de cibler des groupes spécifiques de clients en fonction de leur comportement.

L'intelligence artificielle (IA) et l'apprentissage automatique sont également des composantes essentielles de l'analyse prédictive. Ces technologies permettent aux entreprises de traiter de grandes quantités de données et d'identifier des modèles complexes qui seraient difficiles à détecter manuellement. Par exemple, les algorithmes d'apprentissage automatique peuvent prédire les comportements futurs des clients, comme les probabilités d'achat ou de désabonnement, en se basant sur les données historiques.

Les outils de gestion de la relation client (CRM) jouent un rôle crucial dans l'analyse comportementale. Ces systèmes aident les entreprises à collecter et à gérer des informations détaillées sur leurs clients, y compris les interactions passées, les préférences et les historiques d'achat. En intégrant des données de CRM avec des outils d'analyse, les entreprises peuvent obtenir une vue à 360 degrés de leurs clients, ce qui est essentiel pour une personnalisation efficace.

Les plateformes de médias sociaux et les outils d'analyse des médias sociaux fournissent également des données précieuses pour l'analyse comportementale. Ces outils permettent aux entreprises de surveiller les mentions de marque, d'analyser les sentiments des utilisateurs et de suivre les tendances sur les réseaux sociaux. Ces insights aident les entreprises à comprendre les attitudes et les perceptions des consommateurs envers leur marque et leurs produits.

Enfin, les techniques de visualisation de données sont utilisées pour présenter les résultats de l'analyse de manière compréhensible et exploitable. Des outils comme Tableau, Qlik, ou Microsoft Power BI permettent aux entreprises de créer des tableaux de bord interactifs et des rapports visuels, facilitant l'interprétation des données et la prise de décision basée sur les données.

En conclusion, les outils et techniques d'analyse prédictive et comportementale en 2024 sont variés et sophistiqués, allant des outils d'analyse de données et de CRM à l'IA et l'apprentissage automatique, en passant par les outils de médias sociaux et de visualisation de données. L'utilisation efficace de ces outils permet aux entreprises de comprendre en profondeur leurs clients, de prédire les tendances futures et de créer des stratégies marketing plus ciblées et personnalisées.

4.2.4 Études de cas

En 2024, plusieurs études de cas illustrent l'impact significatif de l'analyse prédictive et comportementale dans le marketing digital, démontrant comment différentes entreprises ont utilisé ces approches pour améliorer leur compréhension des consommateurs et optimiser leurs stratégies marketing.

Un exemple notable est celui d'une grande entreprise de commerce électronique qui a utilisé l'analyse prédictive pour personnaliser les recommandations de produits pour ses clients. En analysant les données historiques d'achat, les préférences de navigation et les interactions des utilisateurs avec les produits, l'entreprise a pu créer des algorithmes d'apprentissage automatique pour prédire quels produits seraient les plus intéressants pour chaque client. Cette approche personnalisée a non seulement augmenté les taux de conversion, mais a également amélioré l'expérience d'achat des clients, renforçant ainsi leur fidélité à la marque.

Dans le secteur des services financiers, une banque a mis en œuvre des techniques d'analyse comportementale pour détecter et prévenir la fraude. En analysant les modèles de transactions et les comportements de navigation des clients, la banque a pu identifier des activités suspectes qui déviaient des comportements normaux des clients. Cette détection proactive de la fraude a aidé la banque à protéger ses clients et à réduire les pertes financières dues à des activités frauduleuses.

Un autre cas d'étude concerne une entreprise de télécommunications qui a utilisé l'analyse prédictive pour réduire le taux de désabonnement (churn). En analysant les données des clients, telles que l'utilisation des services, les interactions avec le service client et les motifs de plaintes, l'entreprise a pu identifier les clients à risque de désabonnement. En ciblant ces clients avec des offres personnalisées et des interventions proactives, l'entreprise a réussi à améliorer la satisfaction des clients et à réduire significativement son taux de désabonnement.

Dans le domaine de la santé, une entreprise pharmaceutique a utilisé l'analyse comportementale pour optimiser ses campagnes de sensibilisation. En analysant les données sur les habitudes de recherche en ligne et les interactions sur les réseaux sociaux, l'entreprise a pu identifier les groupes de patients les plus susceptibles d'être intéressés par ses médicaments. Les campagnes ciblées ont non seulement amélioré l'efficacité des efforts marketing, mais ont également aidé les patients à accéder plus rapidement aux informations et traitements dont ils avaient besoin.

Enfin, une entreprise de divertissement a utilisé l'analyse prédictive pour optimiser la programmation de ses contenus. En analysant les données de visionnage, les préférences des utilisateurs et les tendances du marché, l'entreprise a pu prédire quels genres de contenu seraient les plus populaires et planifier sa programmation en conséquence. Cette stratégie basée sur les données a permis à l'entreprise d'attirer et de retenir un public plus large, augmentant ainsi son succès et sa rentabilité.

Ces études de cas montrent comment l'analyse prédictive et comportementale peut être appliquée dans divers secteurs pour améliorer la compréhension des consommateurs, optimiser les stratégies marketing et améliorer les résultats commerciaux. En exploitant le pouvoir des données, les entreprises peuvent prendre des décisions plus éclairées, offrir des expériences client personnalisées et rester compétitives dans un environnement commercial en constante évolution.

4.3 Outils d'Analyse et d'Interprétation des Données

4.3.1 Aperçu des outils d'analyse

En 2024, l'éventail des outils d'analyse et

d'interprétation des données disponibles pour le marketing digital est plus large et plus sophistiqué que jamais. Ces outils jouent un rôle crucial en aidant les entreprises à transformer les vastes quantités de données collectées en insights actionnables et stratégiques. Ils varient en complexité et en fonctionnalité, allant des solutions basiques d'analyse de données aux plateformes avancées intégrant l'intelligence artificielle et l'apprentissage automatique.

Les outils d'analyse web, tels que Google Analytics, restent des incontournables pour le suivi et l'analyse du trafic web. Ils fournissent des informations détaillées sur le comportement des utilisateurs sur les sites web, y compris les pages visitées, la durée des sessions, les taux de rebond, et les chemins de conversion. Ces outils sont essentiels pour comprendre comment les utilisateurs interagissent avec un site web et pour identifier les opportunités d'optimisation pour améliorer l'expérience utilisateur et augmenter les conversions.

Pour l'analyse des médias sociaux, des outils comme Hootsuite, Sprout Social et Buffer offrent des fonctionnalités de suivi et d'analyse des performances sur diverses plateformes de médias sociaux. Ces outils permettent aux entreprises de surveiller les mentions de la marque, d'analyser l'engagement des utilisateurs, de suivre la croissance des abonnés, et de mesurer l'efficacité des campagnes sur les réseaux sociaux. Ils sont cruciaux pour ajuster les stratégies de contenu et d'engagement sur les médias sociaux.

Les plateformes d'analyse de données avancées, telles que Tableau, Qlik et Microsoft Power BI, permettent une visualisation et une analyse plus approfondies des données. Ces outils offrent des fonctionnalités de visualisation de données puissantes, permettant aux entreprises de créer des tableaux de bord interactifs et des rapports personnalisés. Ils sont particulièrement utiles pour les analyses multidimensionnelles et pour obtenir des insights à partir de grandes quantités de données.

L'intégration de l'intelligence artificielle et de l'apprentissage automatique dans les outils d'analyse a également ouvert de nouvelles possibilités. Des plateformes comme IBM Watson et Salesforce Einstein offrent des capacités d'analyse prédictive et de traitement du langage naturel, permettant aux entreprises de prédire les tendances futures, d'analyser les sentiments des clients, et d'automatiser des tâches d'analyse complexes. Ces outils sont particulièrement précieux pour les entreprises cherchant à exploiter le potentiel des Big Data et à obtenir des insights plus profonds et plus nuancés.

Enfin, les outils de gestion de la relation client (CRM) intégrant des fonctionnalités d'analyse, comme Salesforce ou HubSpot, permettent aux entreprises de combiner les données de vente, de marketing et de service client pour obtenir une vue complète des interactions avec les clients. Ces systèmes aident à suivre le parcours du client, à segmenter les clients, et à personnaliser les interactions, jouant un rôle clé dans l'amélioration de l'expérience client et l'augmentation de la fidélité à la marque.

En conclusion, l'aperçu des outils d'analyse en 2024 montre un paysage riche et diversifié, offrant aux entreprises une multitude d'options pour analyser et interpréter les données. La sélection et l'utilisation efficace de ces outils sont essentielles pour les entreprises cherchant à tirer le meilleur parti de leurs données et à prendre des décisions marketing éclairées dans un environnement commercial en constante évolution.

4.3.2 Interprétation des données

En 2024, l'interprétation des données dans le marketing digital est devenue une compétence essentielle, permettant aux entreprises de transformer des volumes massifs de données brutes en insights stratégiques et actionnables. L'interprétation des données va au-delà de la simple collecte et analyse ; elle implique de comprendre le contexte, de déduire des significations et de tirer des conclusions pertinentes qui peuvent guider les décisions marketing.

L'interprétation efficace des données commence par une compréhension claire des objectifs commerciaux et marketing. Avant de plonger dans l'analyse, il est crucial de définir ce que l'entreprise cherche à comprendre ou à réaliser. Cela peut inclure l'identification de nouveaux segments de marché, l'amélioration de l'expérience client, l'augmentation des taux de conversion, ou la compréhension des raisons d'une baisse des ventes. Avoir des objectifs clairs aide à orienter l'analyse et à s'assurer que les insights obtenus sont pertinents et utiles.

Une fois les objectifs définis, l'étape suivante consiste à analyser les données en tenant compte du contexte spécifique de l'entreprise et du marché. Cela implique de regarder au-delà des chiffres et de comprendre les facteurs sous-jacents qui peuvent influencer les résultats. Par exemple, une baisse des ventes dans une région spécifique pourrait être due à des facteurs externes tels que des changements économiques ou des tendances concurrentielles, plutôt qu'à des problèmes internes.

L'interprétation des données nécessite également une approche critique et analytique. Les entreprises doivent être capables de distinguer les corrélations des causalités et d'être conscientes des biais potentiels dans les données. Par exemple, une augmentation du trafic sur un site web ne signifie pas nécessairement une augmentation de l'intérêt pour les produits ; cela pourrait également être le résultat de facteurs saisonniers ou de campagnes marketing récentes.

L'utilisation de visualisations de données est un outil puissant dans l'interprétation des données. Des graphiques, des tableaux de bord et des cartes de chaleur peuvent aider à présenter les données de manière à ce que les tendances, les modèles et les anomalies soient facilement identifiables. Une visualisation efficace rend les données plus accessibles et compréhensibles, facilitant ainsi la prise de décision basée sur les données.

Enfin, l'interprétation des données doit se traduire par des actions concrètes. Les insights obtenus à partir des données doivent être utilisés pour informer les stratégies marketing, pour apporter des modifications aux produits ou services, ou pour améliorer les processus commerciaux. Par exemple, si l'analyse révèle que certains produits sont particulièrement populaires auprès d'un segment de clients, l'entreprise peut choisir de concentrer ses efforts marketing sur ce segment ou d'élargir sa gamme de produits dans cette catégorie.

En conclusion, l'interprétation des données en 2024 est un processus complexe qui nécessite une compréhension claire des objectifs, une analyse contextuelle, une pensée critique, une visualisation efficace des données et une traduction des insights en actions. Les entreprises qui maîtrisent l'art de l'interprétation des données sont mieux équipées pour naviguer dans le paysage dynamique du marketing digital, pour répondre efficacement aux besoins de leurs clients et pour rester compétitives dans un environnement commercial en constante évolution.

4.3.3 Visualisation des données

En 2024, la visualisation des données est devenue un élément crucial dans le domaine du marketing digital, jouant un rôle essentiel dans la manière dont les entreprises comprennent et communiquent les insights tirés de leurs analyses. La visualisation des données transforme des ensembles complexes de données en représentations graphiques claires et compréhensibles, facilitant ainsi l'interprétation et la prise de décision.

La visualisation des données permet de présenter des informations complexes de manière intuitive et engageante. Des graphiques, des diagrammes, des cartes de chaleur, et des infographies transforment des chiffres bruts en visuels facilement digestibles. Par exemple, un tableau de bord interactif peut afficher les performances d'une campagne marketing à travers une série de graphiques, permettant aux marketeurs de rapidement évaluer quels aspects de la campagne fonctionnent bien et lesquels nécessitent des ajustements.

L'un des principaux avantages de la visualisation des données est sa capacité à révéler des tendances et des modèles qui pourraient passer inaperçus dans des tableaux de données brutes. Par exemple, une visualisation peut mettre en évidence des tendances saisonnières dans les comportements d'achat des consommateurs ou montrer des corrélations entre certaines activités marketing et des pics de ventes. Ces insights peuvent aider les entreprises à optimiser leurs stratégies marketing et à cibler leurs efforts plus efficacement.

La visualisation des données est également essentielle pour communiquer des insights complexes à des parties prenantes qui peuvent ne pas avoir une expertise en analyse de données. Des visuels clairs et attrayants peuvent rendre les données plus accessibles à des équipes interfonctionnelles, à la direction, ou même à des clients externes. En présentant les données de manière compréhensible, les entreprises peuvent faciliter des discussions plus productives et des prises de décision éclairées.

Les outils de visualisation de données modernes offrent une flexibilité et une interactivité considérables. Des plateformes comme Tableau, Microsoft Power BI, et Qlik Sense permettent aux utilisateurs de créer des visualisations personnalisées adaptées à leurs besoins spécifiques. Ces outils offrent des fonctionnalités telles que le filtrage interactif, les analyses en temps réel et la possibilité d'explorer les données à différents niveaux de granularité.

En outre, la visualisation des données joue un rôle important dans la détection d'anomalies et de problèmes potentiels. En visualisant les données, les entreprises peuvent rapidement identifier des écarts par rapport aux tendances normales, ce qui peut être le signe de problèmes sous-jacents dans les stratégies marketing ou les opérations commerciales. Cette détection précoce permet aux entreprises de prendre des mesures correctives avant que ces problèmes ne deviennent plus graves.

En conclusion, la visualisation des données en 2024 est un aspect indispensable de l'analyse de données dans le marketing digital. Elle permet non seulement de simplifier et de clarifier l'interprétation des données, mais aussi de communiquer efficacement des insights complexes, de révéler des tendances et des modèles importants, et de faciliter la prise de décision basée sur les données. Dans un monde où les données sont de plus en plus abondantes et complexes, la visualisation efficace des données est essentielle pour transformer les informations en actions stratégiques.

4.3.4 Intégration des insights dans la stratégie

En 2024, l'intégration des insights tirés de l'analyse des données dans la stratégie marketing est devenue une pratique essentielle pour les entreprises cherchant à rester compétitives dans un environnement numérique en constante évolution. Cette intégration permet aux entreprises de prendre des décisions éclairées, d'optimiser leurs campagnes et de répondre de manière plus efficace aux besoins et attentes des consommateurs.

L'intégration des insights dans la stratégie marketing commence par une compréhension approfondie des données collectées et analysées. Les insights peuvent révéler des informations sur les préférences des consommateurs, l'efficacité des canaux marketing, les tendances du marché, et les comportements d'achat. Pour que ces insights soient utiles, ils doivent être pertinents, fiables et actionnables. Cela implique non seulement de disposer d'outils d'analyse avancés, mais aussi d'une équipe capable d'interpréter correctement les données.

Une fois les insights obtenus, l'étape suivante consiste à les intégrer dans la planification et l'exécution des stratégies marketing. Cela peut impliquer l'ajustement des campagnes publicitaires, la personnalisation des offres pour différents segments de clients, ou la modification des produits et services pour mieux répondre aux besoins du marché. Par exemple, si les données révèlent une forte demande pour un certain type de produit, l'entreprise peut augmenter la production de ce produit ou développer des variantes supplémentaires.

L'intégration des insights dans la stratégie marketing nécessite également une approche flexible et réactive. Le marché et les comportements des consommateurs évoluent rapidement, et les entreprises doivent être prêtes à ajuster leurs stratégies en fonction des nouvelles informations. Cela peut impliquer de tester différentes approches, de mesurer les résultats et de faire des ajustements rapides pour optimiser les performances.

La collaboration interfonctionnelle est essentielle pour intégrer efficacement les insights dans la stratégie marketing. Les équipes de marketing, de vente, de produit et de service client doivent travailler ensemble pour s'assurer que les insights sont partagés et utilisés de manière cohérente à travers l'organisation. Cette collaboration garantit que toutes les décisions sont prises en tenant compte d'une vue complète du client et du marché.

Enfin, l'intégration des insights dans la stratégie marketing doit être un processus continu. Les entreprises doivent établir des mécanismes pour surveiller en permanence les performances, recueillir de nouvelles données et ajuster leurs stratégies en conséquence. Cela implique non seulement de suivre les KPIs et les métriques de performance, mais aussi de rester à l'écoute des changements dans les préférences des consommateurs et les dynamiques du marché.

En conclusion, l'intégration des insights tirés de l'analyse des données dans la stratégie marketing en 2024 est un aspect crucial pour le succès des entreprises. En utilisant les données pour éclairer leurs décisions, en restant flexibles et réactifs, et en favorisant la collaboration interfonctionnelle, les entreprises peuvent créer des stratégies marketing plus ciblées, personnalisées et efficaces, renforçant ainsi leur position sur le marché et améliorant l'expérience client.

CONCLUSION

"La constante réévaluation de vos convictions est essentielle pour l'innovation."

Elon Musk

Récapitulatif des tendances clés

En conclusion, l'année 2024 sera marquée par plusieurs tendances clés dans le domaine du marketing digital, reflétant l'évolution rapide des technologies et des comportements des consommateurs. Ces tendances ont façonné la manière dont les entreprises approchent le marketing et interagissent avec leur public.

Premièrement, l'importance accrue du Big Data dans le marketing digital est indéniable. Les entreprises ont adopté des stratégies sophistiquées pour collecter, analyser et utiliser de grandes quantités de données pour mieux comprendre et répondre aux besoins de leurs clients. L'analyse de ces données a permis une personnalisation plus poussée des campagnes marketing, une segmentation plus précise du marché et une meilleure compréhension du parcours client.

Deuxièmement, l'analyse prédictive et comportementale a pris une place prépondérante, permettant aux entreprises de non seulement comprendre les actions passées et présentes des consommateurs, mais aussi de prédire les tendances futures. Cette approche a permis aux entreprises d'être plus proactives dans leurs stratégies marketing, en anticipant les besoins des clients et en adaptant leurs offres en conséquence.

La technologie blockchain a également émergé comme un outil puissant pour renforcer la transparence et la sécurité dans le marketing digital. Son application dans la traçabilité des produits, la gestion des programmes de fidélité et la publicité numérique a contribué à renforcer la confiance des consommateurs et à améliorer l'efficacité des campagnes marketing.

En outre, l'intégration des technologies de réalité augmentée (RA) et de réalité virtuelle (RV) a ouvert de nouvelles voies pour créer des expériences client immersives et interactives. Ces technologies ont permis aux marques de se démarquer en offrant des expériences uniques et mémorables, renforçant ainsi l'engagement et la fidélité des clients.

L'utilisation des outils d'analyse et de visualisation des données a joué un rôle crucial dans l'interprétation et la communication des insights. Ces outils ont permis aux entreprises de transformer des données complexes en informations compréhensibles et exploitables, facilitant ainsi la prise de décision basée sur les données.

Enfin, l'intégration des insights dans la stratégie marketing a été essentielle pour le succès des entreprises. En utilisant les données pour éclairer leurs décisions, les entreprises ont pu créer des stratégies marketing plus ciblées, personnalisées et efficaces.

Ces tendances clés de 2024 démontrent l'importance croissante de l'analyse de données, de la technologie et de la personnalisation dans le marketing digital. Les entreprises qui ont adopté et intégré ces tendances dans leurs stratégies marketing ont non seulement amélioré leur relation avec les clients, mais ont également renforcé leur position sur un marché de plus en plus compétitif.

Conseils pour rester à jour

Pour rester à jour dans le domaine en constante évolution du marketing digital en 2024, il est essentiel pour les professionnels et les entreprises de suivre une approche proactive et informée. Voici quelques conseils clés pour rester à l'avant-garde de ce secteur dynamique.

Tout d'abord, la formation continue est cruciale. Le paysage du marketing digital évolue rapidement avec l'introduction de nouvelles technologies et stratégies. Les professionnels doivent donc s'engager dans un apprentissage continu pour rester informés des dernières tendances, outils et meilleures pratiques. Cela peut impliquer de participer à des webinaires, des conférences, des ateliers, ou de suivre des cours en ligne sur des sujets pertinents tels que l'analyse de données, l'intelligence artificielle en marketing, ou les dernières tendances en matière de médias sociaux.

Deuxièmement, il est important de pratiquer une veille technologique et de marché active. Cela signifie suivre les publications de l'industrie, les blogs, les podcasts et les influenceurs qui partagent des insights sur les dernières évolutions du marketing digital. S'abonner à des newsletters pertinentes, suivre des leaders d'opinion sur les réseaux sociaux et participer à des groupes professionnels en ligne peut fournir des informations précieuses et des perspectives actualisées.

La collaboration et le réseautage jouent également un rôle important. Échanger avec des pairs, des experts de l'industrie et des professionnels d'autres secteurs peut offrir de nouvelles idées et perspectives. Participer à des événements de l'industrie, à des forums en ligne et à des groupes de discussion peut aider à rester connecté avec les tendances actuelles et à partager des expériences et des connaissances.

L'expérimentation avec de nouvelles technologies

et stratégies est également essentielle. Les entreprises doivent être prêtes à tester et à implémenter de nouvelles approches dans leurs stratégies marketing. Cela peut impliquer d'expérimenter avec des campagnes de réalité augmentée, d'adopter des outils d'analyse prédictive, ou d'explorer de nouveaux canaux de médias sociaux. L'expérimentation permet non seulement de comprendre ce qui fonctionne le mieux, mais aussi d'innover et de se démarquer dans un marché concurrentiel.

Enfin, il est crucial de rester centré sur le client. Malgré l'évolution rapide des technologies et des outils, l'objectif principal du marketing digital reste de répondre aux besoins et aux attentes des clients. Les entreprises doivent donc continuer à écouter leurs clients, à recueillir des feedbacks et à adapter leurs stratégies pour offrir des expériences client exceptionnelles.

En résumé, pour rester à jour dans le marketing digital en 2024, il est essentiel de s'engager dans un apprentissage continu, de pratiquer une veille active, de collaborer et de réseauter avec des professionnels de l'industrie, d'expérimenter avec de nouvelles technologies et stratégies, et de rester centré sur le client. En adoptant ces approches, les professionnels et les entreprises peuvent non seulement suivre le rythme des changements rapides, mais aussi tirer parti des opportunités émergentes dans ce domaine dynamique.

Vision future du marketing digital

En envisageant l'avenir du marketing digital au-delà de 2024, plusieurs tendances et évolutions promettent de façonner de manière significative le paysage de cette industrie. La convergence continue de la technologie, des données et de la créativité est susceptible de créer des opportunités et des défis inédits pour les professionnels du marketing.

L'une des tendances les plus marquantes est l'essor continu de l'intelligence artificielle (IA) et de l'apprentissage automatique. Ces technologies devraient devenir encore plus sophistiquées, permettant une personnalisation et une automatisation encore plus poussées dans les campagnes marketing. L'IA pourrait permettre de créer des expériences client hyper-personnalisées, où les messages et les offres sont adaptés en temps réel en fonction du comportement et des préférences de chaque individu. De plus, l'IA pourrait jouer un rôle crucial dans l'analyse prédictive, aidant les entreprises à anticiper les besoins des clients avant même qu'ils ne se manifestent.

La réalité augmentée (RA) et la réalité virtuelle (RV) devraient également continuer à transformer l'expérience client. Ces technologies pourraient devenir des outils courants pour l'engagement des consommateurs, offrant des expériences immersives et interactives qui vont au-delà des écrans traditionnels. Les marques pourraient utiliser la RA et la RV pour offrir des expériences d'achat virtuelles, des démonstrations de produits interactives, ou même pour créer des mondes de marque entièrement immersifs.

La protection de la vie privée et l'éthique des données resteront des sujets de préoccupation majeurs. Avec l'augmentation de la collecte de données, les entreprises devront naviguer dans un paysage réglementaire en constante évolution tout en maintenant la confiance des consommateurs. Les marques qui réussiront à équilibrer l'innovation avec la responsabilité en matière de données gagneront la confiance et la fidélité de leurs clients.

L'avenir du marketing digital verra également une intégration plus profonde entre les canaux en ligne et hors ligne. Le marketing omnicanal, qui offre une expérience client transparente et cohérente sur tous les canaux, deviendra la norme. Les entreprises utiliseront des données intégrées pour offrir des expériences fluides, que les clients interagissent en ligne, via des applications mobiles, ou en magasin.

Enfin, l'innovation continue dans les canaux de communication et les plateformes de médias sociaux ouvrira de nouvelles voies pour l'engagement des consommateurs. De nouvelles plateformes pourraient émerger, offrant des moyens uniques et novateurs de connecter les marques avec leurs audiences. Les entreprises devront rester agiles et prêtes à explorer ces nouveaux canaux pour rester pertinentes auprès de leurs publics.

En résumé, la vision future du marketing digital est caractérisée par une innovation technologique rapide, une personnalisation accrue, une attention renouvelée à la protection de la vie privée et à l'éthique, une intégration omnicanale et l'émergence de nouveaux canaux de communication. Les entreprises qui embrassent ces évolutions et adaptent leurs stratégies en conséquence seront bien placées pour réussir dans ce paysage dynamique et en constante évolution.

ANNEXES

Glossaire des Termes Techniques

Dans le domaine en constante évolution du marketing digital, se familiariser avec le jargon technique est essentiel. Voici un glossaire des termes techniques fréquemment utilisés dans le marketing digital en 2024 :

1. **Big Data** : Ensemble de données extrêmement volumineux et complexes qui ne peuvent pas être traités efficacement avec des méthodes de traitement de données traditionnelles. Le Big Data est crucial pour l'analyse de tendances et de comportements dans le marketing digital.

2. **Blockchain** : Technologie de registre distribué qui permet de stocker des données de manière sécurisée et transparente. Dans le marketing, elle est utilisée pour la traçabilité des produits, la gestion des programmes de fidélité, et la publicité numérique.

3. **Chatbot** : Programme informatique qui utilise l'IA pour simuler une conversation avec des utilisateurs humains, souvent utilisé dans le service client et les interactions automatisées sur les sites web et les applications.
4. **Content Marketing** : Stratégie marketing axée sur la création et la distribution de contenu pertinent et précieux pour attirer et engager un public cible.
5. **Conversion Rate Optimization (CRO)** : Processus d'optimisation des sites web et des pages de destination pour augmenter le pourcentage de visiteurs qui effectuent l'action souhaitée.
6. **Customer Relationship Management (CRM)** : Système utilisé pour gérer les interactions et les relations avec les clients, en centralisant les informations sur les clients, les ventes et les services.
7. **Data Mining** : Processus d'analyse de grandes quantités de données pour découvrir des modèles et des relations cachés.
8. **Inbound Marketing** : Approche marketing qui vise à attirer les clients en créant un contenu utile et des expériences sur mesure.
9. **Machine Learning** : Branche de

l'intelligence artificielle qui permet aux systèmes d'apprendre et de s'améliorer à partir de l'expérience sans être explicitement programmés.

10. **Programmatic Advertising** : Utilisation de logiciels automatisés pour acheter et optimiser les placements publicitaires en temps réel.

11. **Search Engine Optimization (SEO)** : Processus d'optimisation d'un site web pour améliorer son classement dans les résultats des moteurs de recherche.

12. **Social Media Marketing** : Utilisation des plateformes de médias sociaux pour promouvoir un produit ou un service.

13. **User Experience (UX)** : Ensemble des interactions et expériences qu'un utilisateur a avec un produit ou service numérique.

14. **Virtual Reality (VR)** : Technologie qui crée un environnement simulé, permettant aux utilisateurs de s'immerger et d'interagir dans un monde virtuel.

15. **Web Analytics** : Processus de collecte, d'analyse et de reporting des données de trafic web pour comprendre et optimiser l'utilisation du web.

Ce glossaire offre une base pour comprendre les

termes techniques couramment utilisés dans le marketing digital, permettant aux professionnels et aux étudiants de mieux naviguer dans ce domaine complexe et en constante évolution.

Études de Cas Approfondies

1. Révolution du Commerce Électronique chez Luxomoda : Intégration de l'IA pour une Expérience Client Personnalisée

Contexte : Luxomoda, une marque de luxe, a fait face à un marché de plus en plus concurrentiel et à des attentes client élevées en matière de personnalisation. Pour rester compétitive et améliorer l'expérience client, Luxomoda a décidé d'intégrer l'intelligence artificielle (IA) dans sa plateforme de commerce électronique.

Objectif : L'objectif principal de Luxomoda était de créer une expérience d'achat en ligne hautement personnalisée pour chaque client, en utilisant l'IA pour analyser les données des clients et fournir des recommandations de produits sur mesure, des suggestions de style et un service client amélioré.

Mise en Œuvre : Luxomoda a collaboré avec une entreprise technologique de pointe pour intégrer des algorithmes d'IA avancés dans son site web et son application mobile. Ces algorithmes étaient conçus pour apprendre des comportements d'achat, des préférences et des interactions des clients avec le site.

1. **Recommandations Personnalisées :** L'IA analysait les historiques d'achat, les clics sur le site et les préférences de style pour recommander des produits spécifiques à chaque client. Cela incluait des suggestions pour compléter un achat ou découvrir de nouveaux articles correspondant au style du client.

2. **Assistant de Style Virtuel :** Luxomoda a introduit un chatbot alimenté par l'IA, agissant comme un assistant de style personnel, offrant des conseils de mode et répondant aux questions des clients en temps réel.

3. **Analyse Prédictive :** L'IA a également été utilisée pour prédire les tendances de la mode et les préférences des clients, permettant à Luxomoda de stocker des articles susceptibles de rencontrer un grand succès.

Résultats : L'intégration de l'IA a transformé l'expérience d'achat chez Luxomoda :

- **Augmentation des Ventes :** Les recommandations personnalisées ont entraîné une augmentation significative des taux de conversion et de la valeur moyenne des commandes.

- **Amélioration de l'Engagement Client :** L'assistant de style virtuel a amélioré l'engagement client, offrant une expérience d'achat interactive et personnalisée.
- **Gestion Optimisée des Stocks :** L'analyse prédictive a permis à Luxomoda de mieux gérer ses stocks, réduisant les surplus et les ruptures de stock.
- **Satisfaction Client Accrue :** Les retours clients ont été extrêmement positifs, avec une augmentation notable de la satisfaction client et de la fidélité à la marque.

Conclusion : L'étude de cas de Luxomoda démontre l'impact puissant de l'IA dans la personnalisation de l'expérience d'achat en ligne. En adoptant des technologies innovantes, Luxomoda a non seulement amélioré ses performances commerciales, mais a également établi une nouvelle norme dans l'expérience client pour le secteur du luxe.

2. Stratégie Omnicanale de Biotec Pharma : Utilisation de la Data Science pour Transformer le Parcours Client dans le Secteur Pharmaceutique

Contexte : Biotec Pharma, une entreprise leader dans le secteur pharmaceutique, a identifié le besoin d'améliorer l'expérience de ses clients en intégrant une stratégie omnicanale. Face à un marché de plus en plus numérisé et à des clients recherchant des interactions fluides et personnalisées, Biotec Pharma a décidé d'utiliser la data science pour transformer son parcours client.

Objectif : L'objectif de Biotec Pharma était de créer une expérience client cohérente et personnalisée à travers tous les canaux - en ligne, mobile, et en magasin - en utilisant les données pour comprendre et anticiper les besoins des clients.

Mise en Œuvre : Pour réaliser cet objectif, Biotec Pharma a mis en place plusieurs initiatives clés :

1. **Intégration des Données :** Biotec Pharma a consolidé les données clients provenant de diverses sources, y compris les interactions en ligne, les achats en magasin, et les réponses aux campagnes marketing. L'objectif était de créer une vue à 360 degrés de chaque client.

2. **Analyse Prédictive :** En utilisant des techniques avancées de data science, l'entreprise a analysé ces données pour identifier des modèles de comportement, prédire les besoins des clients et personnaliser les interactions.

3. **Personnalisation Omnicanale :** Sur la base de ces analyses, Biotec Pharma a personnalisé l'expérience client sur tous les canaux. Cela incluait des recommandations de produits

personnalisées sur le site web, des notifications mobiles pertinentes et un service client personnalisé en magasin.

4. **Plateforme de Gestion de la Relation Client (CRM)** : Une plateforme CRM avancée a été mise en place pour gérer les interactions avec les clients de manière cohérente et intégrée sur tous les canaux.

Résultats : La stratégie omnicanale de Biotec Pharma a conduit à plusieurs résultats positifs :

- **Amélioration de l'Expérience Client** : Les clients ont bénéficié d'une expérience plus fluide et personnalisée, augmentant leur satisfaction et leur fidélité à la marque.

- **Augmentation des Ventes** : La personnalisation basée sur les données a entraîné une augmentation des ventes, aussi bien en ligne qu'en magasin.

- **Meilleure Compréhension des Clients** : L'analyse des données a permis à Biotec Pharma de mieux comprendre les besoins et les préférences de ses clients, améliorant ainsi la prise de décision en matière de développement de produits et de marketing.

- **Efficacité Opérationnelle** : L'intégration des données à travers les canaux a amélioré l'efficacité opérationnelle, en réduisant les doublons et en optimisant les ressources marketing.

Conclusion : L'étude de cas de Biotec Pharma

illustre l'importance d'une stratégie omnicanale intégrée dans le secteur pharmaceutique. En exploitant la puissance de la data science, Biotec Pharma a non seulement amélioré l'expérience client, mais a également renforcé sa position sur le marché. Cette approche centrée sur les données et orientée client est un modèle pour d'autres entreprises cherchant à transformer leur parcours client dans un environnement commercial de plus en plus numérisé.

3. Innovation en Réalité Augmentée chez HomeSpace : Redéfinir l'Expérience d'Achat de Meubles en Ligne

Contexte : HomeSpace, une entreprise de vente de meubles en ligne, a reconnu l'opportunité d'améliorer l'expérience d'achat de ses clients en intégrant la réalité augmentée (RA) dans son processus de vente. Confrontée à la difficulté pour les clients de visualiser les meubles dans leur propre espace, HomeSpace a cherché à utiliser la RA pour offrir une solution innovante.

Objectif : L'objectif principal de HomeSpace était de fournir une expérience d'achat immersive et interactive qui permette aux clients de visualiser les produits dans leur propre environnement avant de faire un achat. Cela visait à réduire l'incertitude des clients, à augmenter la satisfaction et à réduire les retours de produits.

Mise en Œuvre : Pour atteindre cet objectif, HomeSpace a développé et intégré plusieurs fonctionnalités clés de RA :

1. **Application de RA :** HomeSpace a lancé une application mobile permettant aux clients de visualiser virtuellement les meubles dans leur espace. En utilisant la caméra de leur smartphone ou tablette, les clients pouvaient placer un meuble en 3D dans leur pièce et le voir sous différents angles et dans différents emplacements.

2. **Personnalisation en Temps Réel :** L'application permettait également aux clients de personnaliser les produits en temps réel, en changeant les couleurs, les textures et les dimensions pour voir comment différentes options s'intégreraient dans leur espace.

3. **Intégration E-commerce :** L'application était intégrée au site e-commerce de HomeSpace, permettant aux clients de passer directement une commande après avoir visualisé un produit en RA.

4. **Guides et Tutoriels :** HomeSpace a fourni des guides et des tutoriels pour aider les clients à utiliser l'application de

RA, assurant une expérience utilisateur fluide.

Résultats : L'introduction de la RA chez HomeSpace a conduit à plusieurs résultats positifs :

- **Augmentation de l'Engagement Client** : L'expérience immersive a augmenté l'engagement des clients, les encourageant à explorer davantage de produits et à passer plus de temps sur l'application.

- **Réduction des Retours** : La capacité de visualiser les produits dans leur propre espace a réduit l'incertitude des clients, entraînant une diminution significative des retours.

- **Augmentation des Ventes** : L'expérience d'achat améliorée a conduit à une augmentation des ventes, car les clients se sentaient plus confiants dans leurs choix de produits.

- **Amélioration de la Satisfaction Client** : Les retours positifs des clients ont indiqué une amélioration significative de la satisfaction client, renforçant la fidélité à la marque.

Conclusion : L'étude de cas de HomeSpace démontre l'impact transformateur de la réalité augmentée dans le secteur du commerce électronique de meubles. En adoptant cette technologie innovante, HomeSpace a non seulement amélioré l'expérience d'achat en ligne, mais a également établi un nouveau standard dans le secteur, montrant comment la RA peut être utilisée pour combler le fossé entre les expériences d'achat en ligne et en magasin.

4. Campagne Virale de GreenEarth : Utilisation de Médias Sociaux pour une Sensibilisation Environnementale Impactante

Contexte : GreenEarth, une organisation à but non lucratif dédiée à la sensibilisation environnementale, a reconnu le potentiel des médias sociaux pour atteindre un large public et engager la communauté sur des questions environnementales cruciales. Face à l'urgence climatique et à l'indifférence croissante du public, GreenEarth a lancé une campagne virale sur les médias sociaux pour sensibiliser et inciter à l'action.

Objectif : L'objectif de GreenEarth était de créer une campagne virale sur les médias sociaux qui sensibilise à l'urgence environnementale, encourage le partage de contenu et incite les individus et les communautés à prendre des mesures concrètes pour la protection de l'environnement.

Mise en Œuvre : Pour réaliser cet objectif, GreenEarth a mis en place plusieurs initiatives clés :

1. **Contenu Engageant et Éducatif** : GreenEarth a créé une série de vidéos,

d'infographies et d'articles de blog informatifs et visuellement attrayants, mettant en lumière divers problèmes environnementaux et proposant des solutions pratiques.

2. **Hashtags et Challenges :** L'organisation a lancé des hashtags spécifiques à la campagne et des défis sur les réseaux sociaux, encourageant les utilisateurs à partager leurs propres actions en faveur de l'environnement, créant ainsi un mouvement communautaire.

3. **Collaboration avec des Influenceurs :** GreenEarth a collaboré avec des influenceurs et des célébrités engagés dans des causes environnementales pour étendre la portée de la campagne et toucher un public plus large.

4. **Interactivité et Engagement :** La campagne a été conçue pour être hautement interactive, avec des sondages, des Q&A en direct, et des forums de discussion pour engager le public et encourager la participation active.

Résultats : La campagne virale de GreenEarth a eu un impact significatif :

- **Portée Étendue :** La campagne a atteint des millions de personnes à travers le monde, dépassant largement les attentes initiales en termes de portée et d'engagement.

- **Engagement Communautaire :** Les défis et les hashtags ont encouragé une participation active, avec des milliers de personnes partageant leurs actions environnementales, créant ainsi une communauté en ligne engagée.

- **Sensibilisation Accrue** : La campagne a réussi à sensibiliser sur des questions environnementales importantes, avec un nombre croissant de personnes discutant et partageant des informations sur ces sujets.

- **Impact Réel :** Au-delà de la sensibilisation en ligne, la campagne a conduit à des actions concrètes, telles que des initiatives de nettoyage communautaire, des engagements de réduction des déchets et des dons à des causes environnementales.

Conclusion : L'étude de cas de GreenEarth illustre le pouvoir des médias sociaux pour mener des campagnes de sensibilisation environnementale impactantes. En combinant un contenu engageant, l'utilisation stratégique des réseaux sociaux et la collaboration avec des influenceurs, GreenEarth a non seulement sensibilisé à des questions environnementales cruciales, mais a également mobilisé une communauté mondiale pour agir. Cette campagne sert de modèle pour d'autres organisations cherchant à utiliser les médias sociaux pour un impact social et environnemental positif.

5. Transformation Numérique de BankSecure : Sécurisation des Transactions Financières avec la Blockchain

Contexte : BankSecure, une banque de premier plan dans le secteur financier, a identifié un besoin croissant de renforcer la sécurité et la transparence de ses transactions financières face à une augmentation des cyberattaques et des fraudes. Pour répondre à ce défi, BankSecure a décidé d'adopter la technologie blockchain, reconnue pour sa robustesse en matière de sécurité et de traçabilité des transactions.

Objectif : L'objectif principal de BankSecure était d'intégrer la blockchain dans son infrastructure existante pour sécuriser les transactions financières, réduire les risques de fraude et améliorer la confiance des clients dans les services bancaires numériques.

Mise en Œuvre : Pour atteindre cet objectif, BankSecure a mis en œuvre plusieurs initiatives clés :

1. **Infrastructure Blockchain :** BankSecure a développé une infrastructure blockchain personnalisée, adaptée aux besoins spécifiques du secteur bancaire. Cette infrastructure permettait de consigner

toutes les transactions sur un registre distribué, sécurisé et immuable.

2. **Intégration des Systèmes :** La blockchain a été intégrée aux systèmes existants de la banque, y compris les plateformes de paiement en ligne et les applications mobiles, pour assurer une transition fluide et maintenir la continuité des services.

3. **Formation et Sensibilisation :** BankSecure a investi dans la formation de son personnel sur la blockchain et a mené des campagnes de sensibilisation pour ses clients, expliquant les avantages de la nouvelle technologie en termes de sécurité et de fiabilité.

4. **Tests et Conformité :** Avant le déploiement complet, la solution blockchain a été rigoureusement testée pour assurer sa conformité avec les réglementations financières et sa compatibilité avec les normes de sécurité bancaire.

Résultats : L'intégration de la blockchain par BankSecure a conduit à plusieurs résultats positifs :

- **Renforcement de la Sécurité :** La blockchain a considérablement renforcé la sécurité des transactions, réduisant les incidents de fraude et les erreurs de traitement.

- **Transparence Accrue** : La traçabilité et l'immutabilité des transactions sur la blockchain ont amélioré la transparence, renforçant la confiance des clients dans les services de la banque.
- **Efficacité Opérationnelle** : La blockchain a simplifié et accéléré le processus de vérification des transactions, améliorant l'efficacité opérationnelle de la banque.
- **Conformité Réglementaire** : La solution blockchain a aidé BankSecure à se conformer plus facilement aux réglementations financières en matière de reporting et d'audit.

Conclusion : L'étude de cas de BankSecure démontre l'efficacité de la blockchain dans la transformation numérique du secteur bancaire. En adoptant cette technologie, BankSecure n'a pas seulement amélioré la sécurité et la transparence de ses transactions, mais a également positionné la banque comme un leader innovant dans l'adoption de solutions technologiques avancées. Cette initiative sert de modèle pour d'autres institutions financières cherchant à renforcer la sécurité et la confiance dans l'ère numérique.

6. Le Pari Gagnant de SportsVirtu : Engagement des Fans avec des Expériences Immersives en Réalité Virtuelle

Contexte : SportsVirtu, une entreprise spécialisée dans les expériences sportives virtuelles, a identifié une opportunité unique de transformer l'engagement des fans dans le monde du sport. Avec la popularité croissante de la réalité virtuelle (RV), SportsVirtu a envisagé de créer des expériences immersives pour rapprocher les fans de leurs équipes et athlètes préférés d'une manière jamais vue auparavant.

Objectif : L'objectif de SportsVirtu était de développer une plateforme de RV offrant des expériences sportives immersives et interactives, permettant aux fans de vivre des matchs et des événements sportifs comme s'ils y étaient, tout en offrant des fonctionnalités interactives et sociales uniques.

Mise en Œuvre : Pour réaliser cet objectif ambitieux, SportsVirtu a lancé plusieurs initiatives clés :

1. **Développement de la Plateforme de RV :** SportsVirtu a développé une plateforme de RV avancée, permettant aux utilisateurs de vivre des matchs en temps réel avec une vue à 360 degrés depuis différents emplacements dans le stade.

2. **Partenariats avec des Équipes et des Ligues Sportives :** Pour offrir un contenu authentique et engageant, SportsVirtu a établi des partenariats avec

plusieurs équipes et ligues sportives, leur permettant de diffuser des matchs en direct sur la plateforme.

3. **Fonctionnalités Interactives** : La plateforme offrait des fonctionnalités interactives, telles que la sélection de différents angles de vue, l'accès à des statistiques en temps réel, et des options de communication avec d'autres fans.

4. **Expériences Immersives Hors Match :** En plus des matchs en direct, SportsVirtu a créé des expériences immersives hors match, comme des visites virtuelles des stades, des rencontres avec des athlètes en RV, et des jeux interactifs.

Résultats : L'initiative de SportsVirtu a eu un impact significatif sur l'engagement des fans :

- **Augmentation de l'Engagement des Fans :** La plateforme a attiré un nombre croissant de fans, offrant une expérience immersive et interactive qui a renforcé leur connexion avec leurs équipes et athlètes préférés.

- **Nouveaux Revenus :** La plateforme a ouvert de nouvelles sources de revenus, y compris des abonnements, des publicités intégrées et des partenariats exclusifs avec des équipes et des ligues.

- **Amélioration de l'Expérience Fan** : Les fans ont bénéficié d'une expérience sportive enrichie, avec des options de personnalisation et d'interaction qui n'étaient pas possibles avec les méthodes de visionnage traditionnelles.

- **Reconnaissance de l'Industrie :** SportsVirtu a été reconnu comme un innovateur dans le domaine du sport, établissant de nouvelles normes pour l'engagement des fans dans l'ère numérique.

Conclusion : L'étude de cas de SportsVirtu illustre le potentiel révolutionnaire de la réalité virtuelle dans l'engagement des fans de sport. En exploitant cette technologie, SportsVirtu a non seulement amélioré l'expérience des fans, mais a également ouvert la voie à de nouvelles opportunités commerciales et à une nouvelle ère d'interaction entre les fans et le monde du sport.

7. Stratégie de Contenu de HealthFirst : Éducation et Engagement Client dans le Secteur de la Santé

Contexte : HealthFirst, une entreprise leader dans le secteur de la santé, a reconnu le besoin d'améliorer l'éducation et l'engagement de ses clients face à un public de plus en plus soucieux de sa santé et avide d'informations fiables. Pour répondre à cette demande croissante, HealthFirst a décidé de mettre en place une stratégie de contenu robuste et informative.

Objectif : L'objectif de HealthFirst était de

développer et de mettre en œuvre une stratégie de contenu qui éduque les clients sur divers sujets de santé, promeut des comportements sains et renforce l'engagement et la fidélité à la marque.

Mise en Œuvre : Pour atteindre cet objectif, HealthFirst a lancé plusieurs initiatives clés :

1. **Création de Contenu Éducatif :** HealthFirst a développé une série de contenus éducatifs, y compris des articles de blog, des vidéos, des infographies et des podcasts, couvrant une large gamme de sujets de santé, de la prévention des maladies à la nutrition et au bien-être mental.

2. **Plateforme en Ligne et Application Mobile :** Ces contenus ont été rendus facilement accessibles via une plateforme en ligne dédiée et une application mobile, permettant aux clients de trouver des informations fiables et pratiques à tout moment.

3. **Programmes Interactifs :** HealthFirst a introduit des programmes interactifs, tels que des défis de bien-être et des webinaires en direct avec des experts de la santé, pour encourager l'engagement actif des clients.

4. **Personnalisation du Contenu :** En utilisant les données des clients,

HealthFirst a personnalisé les recommandations de contenu pour répondre aux besoins et intérêts spécifiques de chaque utilisateur.

5. **Collaboration avec des Experts** : Pour garantir l'exactitude et la fiabilité du contenu, HealthFirst a collaboré avec des professionnels de la santé et des experts du secteur pour créer et vérifier tous les matériaux éducatifs.

Résultats : La stratégie de contenu de HealthFirst a conduit à plusieurs résultats positifs :

- **Amélioration de l'Engagement Client** : Le contenu éducatif et interactif a significativement augmenté l'engagement des clients, avec une augmentation notable du temps passé sur la plateforme et de l'interaction avec les contenus.

- **Renforcement de la Fidélité à la Marque :** En fournissant des informations fiables et utiles, HealthFirst a renforcé la confiance et la fidélité des clients envers la marque.

- **Augmentation de la Sensibilisation à la Santé :** La stratégie a contribué à une meilleure sensibilisation et éducation des clients sur des questions de santé importantes, encourageant des choix de vie plus sains.

- **Retour sur Investissement Positif :** La stratégie de contenu a également conduit à un retour sur investissement positif, avec une augmentation des inscriptions aux programmes de santé et une utilisation accrue des services de HealthFirst.

Conclusion : L'étude de cas de HealthFirst démontre l'importance d'une stratégie de contenu éducative et engageante dans le secteur de la santé. En fournissant des informations fiables et en encourageant l'engagement actif, HealthFirst a non seulement amélioré la santé et le bien-être de ses clients, mais a également renforcé sa position en tant que marque de confiance et leader dans le domaine de la santé.

8. Campagne de Marketing d'Influence de FashionFlare : Mesure de l'Impact et ROI dans le Luxe

Contexte : FashionFlare, une marque de luxe reconnue, cherchait à renforcer sa présence et son image de marque dans un marché hautement compétitif. Pour atteindre cet objectif, FashionFlare a lancé une campagne de marketing d'influence, en s'associant à des influenceurs de mode de premier plan pour atteindre un public plus large et plus engagé.

Objectif : L'objectif principal de FashionFlare était de mesurer l'impact et le retour sur investissement (ROI) de sa campagne de marketing d'influence, en évaluant non seulement l'augmentation de la notoriété de la marque, mais aussi l'influence sur les ventes et l'engagement client.

Mise en Œuvre : Pour mener à bien cette campagne, FashionFlare a adopté une approche stratégique et mesurable :

1. **Sélection des Influenceurs :** FashionFlare a soigneusement sélectionné des influenceurs dont le style et l'audience correspondaient à l'image de marque et aux valeurs de FashionFlare. Cette sélection incluait des influenceurs avec des suivis importants et des taux d'engagement élevés.

2. **Contenu de Marque Cohérent :** Les influenceurs ont créé du contenu personnalisé qui mettait en valeur les produits de FashionFlare tout en restant fidèle à leur propre style unique. Cela incluait des publications sur les réseaux sociaux, des blogs, et des vidéos.

3. **Suivi et Analyse :** FashionFlare a utilisé des outils d'analyse avancés pour suivre les performances de chaque influenceur, y compris l'engagement, la portée, et le trafic généré vers le site web de FashionFlare.

4. **Codes Promo et Liens de Suivi :** Des codes promotionnels uniques et des liens de suivi ont été fournis aux influenceurs

pour mesurer directement les ventes et les conversions résultant de la campagne.

5. **Feedback et Interaction :** FashionFlare a encouragé les influenceurs à interagir avec leur audience, recueillant des feedbacks précieux et renforçant l'engagement avec la marque.

Résultats : La campagne de marketing d'influence de FashionFlare a produit des résultats significatifs :

- **Augmentation de la Notoriété de la Marque :** La campagne a considérablement augmenté la notoriété de FashionFlare, attirant une nouvelle audience et renforçant sa présence sur les réseaux sociaux.

- **Croissance des Ventes :** Les codes promo et les liens de suivi ont révélé une augmentation notable des ventes directement attribuable à la campagne.

- **Engagement Accru :** Le contenu créé par les influenceurs a généré un engagement élevé, avec des interactions significatives entre les consommateurs et la marque.

- **ROI Positif :** L'analyse des données a montré un retour sur investissement positif, avec les bénéfices générés par la campagne dépassant largement les coûts initiaux.

Conclusion : L'étude de cas de FashionFlare illustre l'efficacité du marketing d'influence dans le secteur du luxe. En adoptant une approche stratégique et en mesurant soigneusement l'impact de la campagne, FashionFlare a non seulement amélioré sa notoriété de marque, mais a également généré un engagement client significatif et une croissance des ventes. Cette campagne sert de modèle pour d'autres marques de luxe cherchant à exploiter le pouvoir du marketing d'influence pour atteindre de nouveaux sommets.

9. Initiative de Marketing Mobile de QuickServe : Réinventer la Restauration Rapide avec des Applications Innovantes

Contexte : QuickServe, une chaîne de restauration rapide populaire, a observé une évolution constante des habitudes de consommation, avec une augmentation de la demande pour des options de commande et de livraison plus rapides et plus pratiques. Pour répondre à ces attentes, QuickServe a décidé de lancer une initiative de marketing mobile, centrée sur le développement d'applications mobiles innovantes.

Objectif : L'objectif de QuickServe était de créer une expérience utilisateur mobile améliorée qui facilite la commande, la personnalisation des repas, et la livraison, tout en utilisant l'application comme un outil de marketing pour fidéliser les clients et augmenter les ventes.

Mise en Œuvre : Pour atteindre cet objectif, QuickServe a mis en place plusieurs stratégies clés :

1. **Développement d'une Application Mobile Intuitive :** QuickServe a développé une application mobile conviviale, offrant une navigation facile, une commande rapide, et des options de personnalisation des repas. L'application intégrait également un système de paiement sécurisé pour une expérience de commande sans tracas.

2. **Programme de Fidélité Intégré :** L'application incluait un programme de fidélité, offrant des récompenses et des promotions personnalisées basées sur les préférences et les habitudes de commande des utilisateurs.

3. **Fonctionnalités de Réalité Augmentée :** QuickServe a innové en intégrant des fonctionnalités de réalité augmentée (RA) dans son application, permettant aux clients de visualiser les repas avant de commander et de participer à des jeux interactifs pour gagner des récompenses.

4. **Notifications Push et Marketing Ciblé :** L'application utilisait des notifications push pour informer les clients des offres spéciales, des nouveaux produits, et des événements locaux, augmentant ainsi

l'engagement et les visites répétées.

5. **Analyse des Données Utilisateur :** QuickServe a recueilli et analysé les données des utilisateurs pour comprendre les préférences des clients et adapter ses offres et son marketing en conséquence.

Résultats : L'initiative de marketing mobile de QuickServe a conduit à plusieurs résultats positifs :

- **Augmentation des Ventes :** L'application a entraîné une augmentation significative des commandes en ligne et des ventes globales, en offrant une expérience de commande pratique et rapide.

- **Engagement Client Accru :** Le programme de fidélité et les notifications push ont renforcé l'engagement des clients, entraînant une augmentation de la fréquence des commandes et de la fidélité à la marque.

- **Expérience Client Améliorée :** Les fonctionnalités de RA et les options de personnalisation ont amélioré l'expérience client, rendant la commande plus interactive et agréable.

- **Insights Précieux sur les Clients :** L'analyse des données utilisateur a fourni à QuickServe des insights précieux pour optimiser ses menus, ses offres promotionnelles et ses stratégies de marketing.

Conclusion : L'étude de cas de QuickServe

démontre l'impact significatif d'une application mobile bien conçue dans le secteur de la restauration rapide. En combinant une expérience utilisateur intuitive avec des stratégies de marketing mobile innovantes, QuickServe a non seulement amélioré l'expérience de commande pour ses clients, mais a également vu une augmentation notable de l'engagement client et des ventes. Cette initiative sert de modèle pour d'autres entreprises du secteur cherchant à tirer parti des technologies mobiles pour réinventer l'expérience client.

10. Projet de Fidélisation de Clientèle chez AutoElite : Utilisation de Programmes de Fidélité Basés sur la Blockchain pour Améliorer la Retention

Contexte : AutoElite, un constructeur automobile de premier plan, a constaté une baisse de la fidélité de sa clientèle dans un marché de plus en plus concurrentiel. Pour inverser cette tendance, AutoElite a décidé d'innover en lançant un programme de fidélité basé sur la technologie blockchain, visant à offrir une expérience client plus transparente, sécurisée et gratifiante.

Objectif : L'objectif d'AutoElite était de développer un programme de fidélité qui non seulement récompense les clients pour leur loyauté, mais qui utilise également les avantages de la blockchain pour améliorer la sécurité, la transparence et la personnalisation des récompenses.

Mise en Œuvre : Pour atteindre cet objectif, AutoElite a mis en place plusieurs initiatives clés :

1. **Développement d'une Plateforme Blockchain :** AutoElite a développé une plateforme de fidélité basée sur la blockchain, permettant un enregistrement sécurisé et transparent des transactions et des interactions des clients.

2. **Système de Récompenses Innovant :** Le programme offrait des récompenses sous forme de tokens blockchain, qui pouvaient être échangés contre des services, des accessoires, ou même des remises sur les véhicules. Ces tokens pouvaient également être accumulés ou échangés avec d'autres membres du programme.

3. **Personnalisation des Offres :** En utilisant les données des clients recueillies via la plateforme, AutoElite a personnalisé les offres et les récompenses en fonction des préférences et du comportement d'achat de chaque client.

4. **Application Mobile Intégrée :** Une application mobile a été développée

pour permettre aux clients de suivre facilement leurs tokens, de découvrir de nouvelles offres et de gérer leur compte de fidélité.

5. **Campagnes de Sensibilisation et Formation** : AutoElite a mené des campagnes pour éduquer les clients sur les avantages de la blockchain et sur la manière d'utiliser le nouveau programme de fidélité.

Résultats : L'initiative de fidélisation de la clientèle d'AutoElite a produit des résultats significatifs :

- **Amélioration de la Fidélité des Clients :** Le programme a renforcé la fidélité des clients, avec une augmentation notable de la rétention et de la fréquence des achats.

- **Transparence et Sécurité Accrues :** La blockchain a amélioré la transparence et la sécurité des transactions de fidélité, augmentant la confiance des clients dans le programme.

- **Engagement Client Accru :** L'application mobile et les récompenses personnalisées ont augmenté l'engagement des clients avec la marque.

- **Retour sur Investissement Positif :** Le programme a généré un retour sur investissement positif, avec une augmentation des ventes de véhicules et des services associés.

Conclusion : L'étude de cas d'AutoElite illustre comment l'utilisation innovante de la technologie blockchain dans les programmes de fidélité peut transformer l'engagement et la rétention des clients dans l'industrie automobile. En offrant une expérience de fidélité plus sécurisée, transparente et personnalisée, AutoElite a non seulement amélioré la satisfaction de ses clients, mais a également renforcé sa position sur le marché en tant que marque avant-gardiste et centrée sur le client.

11. Optimisation SEO de TravelWorld : Stratégies Avancées pour Dominer le Marché du Voyage en Ligne

Contexte : TravelWorld, une agence de voyage en ligne, faisait face à une concurrence féroce dans un marché saturé. Pour améliorer sa visibilité en ligne et attirer plus de clients, TravelWorld a décidé de mettre en œuvre des stratégies avancées d'optimisation pour les moteurs de recherche (SEO).

Objectif : L'objectif de TravelWorld était de renforcer sa présence en ligne, d'améliorer son classement dans les résultats de recherche et d'attirer un trafic de qualité vers son site web, en se concentrant sur des stratégies SEO innovantes et efficaces.

Mise en Œuvre : Pour atteindre cet objectif,

TravelWorld a adopté plusieurs approches clés :

1. **Recherche de Mots-Clés Approfondie :** TravelWorld a mené une recherche exhaustive de mots-clés pour identifier les termes et expressions les plus pertinents et recherchés dans le secteur du voyage. Cela incluait des mots-clés à longue traîne spécifiques à certaines destinations et types de voyages.

2. **Optimisation du Contenu :** Le contenu du site web de TravelWorld a été optimisé pour inclure les mots-clés identifiés, en veillant à ce que le contenu reste informatif, engageant et utile pour les utilisateurs. Des guides de voyage, des articles de blog et des descriptions de destinations ont été régulièrement mis à jour et enrichis.

3. **Amélioration de l'Expérience Utilisateur :** TravelWorld a amélioré la navigation de son site, la vitesse de chargement et la convivialité mobile pour offrir une meilleure expérience utilisateur, un facteur clé dans le classement SEO.

4. **Stratégie de Backlinking :** Une stratégie de backlinking a été mise en place, en obtenant des liens de haute qualité depuis des sites web reconnus dans le secteur du

voyage et des médias connexes.

5. **SEO Local et International :** TravelWorld a optimisé son site pour le SEO local et international, ciblant des marchés spécifiques avec des contenus et des mots-clés adaptés à chaque région.

6. **Analyse et Suivi :** Des outils d'analyse SEO ont été utilisés pour suivre les performances du site, permettant à TravelWorld d'ajuster sa stratégie en fonction des tendances du marché et des comportements des utilisateurs.

Résultats : L'optimisation SEO de TravelWorld a conduit à plusieurs résultats positifs :

- **Augmentation du Trafic Organique :** Le site a connu une augmentation significative du trafic organique, attirant plus de visiteurs intéressés par les voyages.

- **Amélioration du Classement dans les Moteurs de Recherche :** TravelWorld a vu son classement s'améliorer pour de nombreux mots-clés stratégiques, se positionnant en tête des résultats de recherche pour plusieurs termes clés.

- **Engagement Accru :** L'amélioration de l'expérience utilisateur et la qualité du contenu ont augmenté l'engagement des visiteurs sur le site.

- **Conversion et Ventes Accrues :** L'augmentation du trafic qualifié a conduit à une hausse des réservations et des ventes de voyages.

Conclusion : L'étude de cas de TravelWorld démontre l'importance d'une stratégie SEO robuste et bien planifiée dans le secteur du voyage en ligne. En adoptant des approches innovantes et en se concentrant sur l'amélioration continue, TravelWorld a non seulement amélioré sa visibilité en ligne, mais a également renforcé sa position sur le marché compétitif du voyage, attirant plus de clients et générant des revenus accrus.

12. Campagne de Publicité Programmatique de Techtronics : Automatisation et Ciblage Précis pour un Impact Maximum

Contexte : Techtronics, une entreprise leader dans le secteur de l'électronique grand public, cherchait à maximiser l'impact de ses campagnes publicitaires dans un marché numérique encombré. Pour atteindre cet objectif, Techtronics a décidé d'adopter la publicité programmatique, une méthode permettant d'automatiser l'achat et le placement d'annonces publicitaires pour cibler des audiences spécifiques de manière plus efficace.

Objectif : L'objectif de Techtronics était de lancer une campagne de publicité programmatique qui non seulement atteint son public cible avec précision, mais qui optimise également le retour sur investissement (ROI) en utilisant des données et des algorithmes pour prendre des décisions d'achat d'espace publicitaire en temps réel.

Mise en Œuvre : Pour mener à bien cette campagne, Techtronics a mis en œuvre plusieurs stratégies clés :

1. **Sélection de Plateformes Programmatiques :** Techtronics a choisi des plateformes de publicité programmatique réputées pour leur capacité à cibler efficacement les audiences et à fournir des analyses détaillées.

2. **Définition de l'Audience Cible :** L'entreprise a défini son audience cible en se basant sur des données démographiques, des intérêts, des comportements d'achat et des habitudes de navigation en ligne.

3. **Création de Contenu Publicitaire Personnalisé :** Des publicités personnalisées ont été créées pour résonner avec l'audience cible, en utilisant des messages et des visuels adaptés à différents segments d'utilisateurs.

4. **Optimisation en Temps Réel :** La campagne a été constamment surveillée

et ajustée en temps réel pour optimiser la performance, en se basant sur des données telles que les taux de clics, les conversions et l'engagement.

5. **Intégration de Données Multicanal :** Techtronics a intégré des données provenant de divers canaux, y compris les médias sociaux, les sites web et les applications mobiles, pour une vue holistique de l'efficacité de la campagne.

6. **Analyse et Rapports :** Des rapports détaillés ont été générés pour évaluer la performance de la campagne, y compris le ROI, la portée, l'engagement et les conversions.

Résultats : La campagne de publicité programmatique de Techtronics a conduit à plusieurs résultats positifs :

- **Ciblage Précis :** La campagne a atteint l'audience cible avec une grande précision, augmentant l'efficacité des publicités et réduisant le gaspillage de budget publicitaire.

- **Augmentation de l'Engagement :** Les publicités personnalisées ont généré un engagement significatif, avec des taux de clics et de conversion supérieurs à la moyenne.

- **Optimisation du ROI :** L'optimisation en temps réel a permis d'ajuster la campagne pour maximiser le ROI, en allouant le budget aux canaux et aux publicités les plus performants.

- **Insights Approfondis** : Les analyses ont fourni des insights précieux sur le comportement et les préférences de l'audience, aidant Techtronics à affiner ses stratégies marketing futures.

Conclusion : L'étude de cas de Techtronics illustre l'efficacité de la publicité programmatique dans le ciblage précis des audiences et l'optimisation du ROI. En adoptant une approche data-driven et en utilisant l'automatisation pour ajuster la campagne en temps réel, Techtronics a non seulement amélioré la performance de ses publicités, mais a également acquis des insights précieux pour guider ses futures initiatives marketing.

13. Initiative de Responsabilité Sociale d'Entreprise chez EcoPure : Marketing Éthique et Engagement Communautaire

Contexte : EcoPure, une entreprise spécialisée dans les produits de nettoyage écologiques, a reconnu l'importance croissante de la responsabilité sociale d'entreprise (RSE) dans le contexte commercial moderne. Pour renforcer son engagement envers la durabilité et l'éthique, EcoPure a lancé une initiative de RSE axée sur le marketing éthique et l'engagement communautaire.

Objectif : L'objectif d'EcoPure était de développer et de mettre en œuvre des stratégies de marketing éthique qui reflètent ses valeurs de durabilité et de responsabilité sociale, tout en s'engageant activement avec les communautés locales pour promouvoir des pratiques environnementales saines.

Mise en Œuvre : Pour atteindre cet objectif, EcoPure a adopté plusieurs approches clés :

1. **Marketing Éthique :** EcoPure a revu ses stratégies de marketing pour s'assurer qu'elles étaient alignées avec ses principes de durabilité. Cela incluait la promotion de l'utilisation de matériaux recyclables dans ses emballages et la mise en avant de ses efforts pour réduire l'empreinte carbone.

2. **Programmes de Sensibilisation Environnementale :** EcoPure a lancé des programmes de sensibilisation pour éduquer les consommateurs sur l'importance de la durabilité et les pratiques écologiques dans la vie quotidienne.

3. **Partenariats avec des Organisations Écologiques :** EcoPure a établi des partenariats avec des organisations environnementales locales et mondiales

pour soutenir divers projets de conservation et de durabilité.

4. **Initiatives Communautaires** : EcoPure a organisé des événements communautaires, tels que des nettoyages de quartier et des ateliers éducatifs, pour encourager une participation active à la protection de l'environnement.

5. **Transparence et Reporting** : EcoPure a mis en place des mécanismes de reporting pour partager ses progrès en matière de RSE avec ses parties prenantes, renforçant ainsi la transparence et la confiance.

Résultats : L'initiative de RSE d'EcoPure a conduit à plusieurs résultats positifs :

- **Renforcement de la Marque :** L'engagement d'EcoPure envers la durabilité et la responsabilité sociale a renforcé son image de marque et sa réputation auprès des consommateurs.

- **Engagement Communautaire Accru :** Les initiatives communautaires ont renforcé les liens d'EcoPure avec les communautés locales, générant une bonne volonté et un soutien accru pour la marque.

- **Impact Environnemental Positif :** Les programmes de sensibilisation et les partenariats ont eu un impact positif sur l'environnement, contribuant à des pratiques plus durables au sein de la communauté.

- **Fidélisation de la Clientèle** : La transparence et l'engagement d'EcoPure en matière de RSE ont renforcé la fidélité des clients, attirant des consommateurs qui valorisent l'éthique et la durabilité.

Conclusion : L'étude de cas d'EcoPure démontre l'importance et l'efficacité d'une approche de marketing éthique et d'un engagement communautaire solide dans le cadre d'une initiative de RSE. En alignant ses pratiques commerciales avec ses valeurs de durabilité, EcoPure n'a pas seulement amélioré son image de marque et renforcé ses relations avec les communautés, mais a également contribué de manière significative à des causes environnementales importantes, démontrant ainsi le rôle vital que les entreprises peuvent jouer dans la promotion d'un avenir plus durable.

14. Stratégie de Marketing de Contenu de GourmetDelight : Création d'une Communauté Passionnée autour de l'Alimentation

Contexte : GourmetDelight, une entreprise spécialisée dans les produits alimentaires haut de gamme, cherchait à établir une présence forte et engageante en ligne pour se connecter avec les amateurs de gastronomie. Pour atteindre cet objectif, GourmetDelight a décidé de lancer une stratégie de marketing de contenu visant à créer une communauté en ligne de passionnés de cuisine et de gastronomie.

Objectif : L'objectif de GourmetDelight était de développer un contenu riche et attrayant qui non seulement informe et éduque, mais qui crée également un sentiment d'appartenance et d'engagement parmi les amateurs de cuisine et de gastronomie.

Mise en Œuvre : Pour réaliser cet objectif, GourmetDelight a adopté plusieurs stratégies clés :

1. **Blog et Articles** : GourmetDelight a lancé un blog dédié, offrant une variété d'articles allant de recettes exclusives à des conseils de chefs, en passant par des histoires sur l'origine des ingrédients et des tendances culinaires.

2. **Vidéos et Tutoriels** : Des vidéos et des tutoriels de cuisine ont été produits, mettant en vedette des chefs renommés et des experts en gastronomie, pour offrir une expérience d'apprentissage interactive et visuelle.

3. **Réseaux Sociaux** : GourmetDelight a utilisé activement les réseaux sociaux pour partager du contenu, interagir avec les abonnés, et encourager les utilisateurs à partager leurs propres expériences et

créations culinaires.

4. **Événements en Ligne et Webinaires :** Des événements en ligne, tels que des webinaires et des dégustations virtuelles, ont été organisés pour rassembler la communauté et offrir des expériences exclusives.

5. **Newsletter :** Une newsletter régulière a été mise en place pour tenir la communauté informée des dernières nouvelles, offres spéciales et événements.

6. **Partenariats avec des Influenceurs :** Des partenariats avec des influenceurs culinaires ont été établis pour étendre la portée du contenu et attirer de nouveaux membres dans la communauté.

Résultats : La stratégie de marketing de contenu de GourmetDelight a conduit à plusieurs résultats positifs :

- **Croissance de la Communauté :** La communauté en ligne de GourmetDelight a connu une croissance rapide, avec une augmentation significative des abonnés et des participants actifs.

- **Engagement Accru :** Le contenu interactif et éducatif a généré un engagement élevé, avec des commentaires, des partages et des interactions en hausse sur toutes les plateformes.

- **Fidélisation de la Clientèle :** La création d'une communauté passionnée a renforcé la fidélité des clients, avec un retour positif sur les produits et les expériences proposées par GourmetDelight.
- **Augmentation des Ventes :** La stratégie de contenu a conduit à une augmentation des ventes, les membres de la communauté devenant des clients réguliers et des ambassadeurs de la marque.

Conclusion : L'étude de cas de GourmetDelight illustre l'efficacité d'une stratégie de marketing de contenu bien conçue pour créer et engager une communauté en ligne. En fournissant un contenu riche et interactif qui résonne avec les passions de son public, GourmetDelight a non seulement renforcé sa présence en ligne, mais a également établi une relation solide et durable avec ses clients, démontrant le pouvoir du contenu dans la construction d'une communauté de marque fidèle et engagée.

Interviews d'Experts

1. "Naviguer dans l'Ère de l'IA" : Entretien avec Dr. Sophie Lemaire, Spécialiste en Intelligence Artificielle et Marketing

Contexte : L'intelligence artificielle (IA)

révolutionne de nombreux secteurs, y compris le marketing. Pour mieux comprendre cette évolution, un entretien a été mené avec le Dr. Sophie Lemaire, une spécialiste reconnue dans le domaine de l'IA appliquée au marketing.

Objectif de l'Entretien : L'objectif était de recueillir des insights sur l'impact de l'IA dans le marketing, les défis associés, et les meilleures pratiques pour intégrer efficacement l'IA dans les stratégies marketing.

Points Clés de l'Entretien :

1. **Rôle de l'IA dans le Marketing Moderne :**

   o   Dr. Lemaire a expliqué comment l'IA transforme le marketing, notamment en permettant une personnalisation plus poussée, une analyse prédictive des tendances de consommation, et une automatisation des tâches répétitives.

2. **Défis de l'Intégration de l'IA :**

   o   Elle a souligné les défis liés à l'intégration de l'IA, tels que la nécessité de disposer de données de qualité, les préoccupations éthiques et de confidentialité, et le besoin de compétences spécialisées pour gérer les technologies d'IA.

3. **Exemples de Réussite de l'IA en Marketing :**

   o   Dr. Lemaire a partagé des études de cas où l'IA a été utilisée avec succès pour améliorer l'engagement client, optimiser les campagnes publicitaires, et augmenter les ventes.

4. **Avenir de l'IA dans le Marketing :**

o Elle a discuté des tendances futures, prévoyant une augmentation de l'utilisation de l'IA pour la création de contenu dynamique, la gestion de la relation client, et le marketing prédictif.

5. **Conseils pour les Entreprises Adoptant l'IA :**

o Dr. Lemaire a conseillé aux entreprises de commencer petit, de se concentrer sur des objectifs clairs, et de s'assurer qu'elles disposent des ressources nécessaires pour gérer et interpréter les données générées par l'IA.

6. **Impact de l'IA sur les Compétences Marketing :**

o Elle a également abordé l'impact de l'IA sur les compétences requises dans le marketing, soulignant l'importance de la compréhension des données, de la pensée analytique, et de la capacité à travailler en collaboration avec la technologie.

Conclusion de l'Entretien : L'entretien avec le Dr. Sophie Lemaire a offert des perspectives précieuses sur l'importance croissante de l'IA dans le marketing. Ses insights mettent en lumière comment les entreprises peuvent naviguer dans cette nouvelle ère, en tirant parti de l'IA pour améliorer leurs stratégies marketing tout en restant attentives aux défis et implications éthiques. Cette conversation souligne l'importance pour les professionnels du marketing de s'adapter et de se former continuellement pour rester pertinents dans un paysage en constante évolution.

2. "L'Avenir de la Publicité Numérique" : Discussion avec Marc Dubois, Pionnier de la Publicité Programmatique

Contexte : La publicité numérique est en constante évolution, et la publicité programmatique est à l'avant-garde de cette transformation. Pour explorer ce sujet, une discussion approfondie a été menée avec Marc Dubois, un expert et pionnier reconnu dans le domaine de la publicité programmatique.

Objectif de la Discussion : L'objectif était de comprendre les tendances actuelles et futures de la publicité numérique, en particulier la publicité programmatique, et d'obtenir des insights sur la manière dont les entreprises peuvent s'adapter et tirer profit de ces évolutions.

Points Clés de la Discussion :

1. **État Actuel de la Publicité Programmatique :**
   - Marc Dubois a commencé par expliquer

comment la publicité programmatique a révolutionné le paysage de la publicité numérique, en permettant aux annonceurs d'acheter de l'espace publicitaire de manière plus efficace et ciblée grâce à l'automatisation et à l'analyse de données.

2. **Défis et Opportunités :**

○ Il a souligné les défis auxquels fait face la publicité programmatique, notamment en termes de respect de la vie privée et de la transparence des données. Cependant, il a également mis en avant les opportunités immenses qu'elle offre en termes de ciblage précis et de mesure de performance.

3. **Impact de l'Intelligence Artificielle :**

○ Dubois a discuté de l'impact croissant de l'IA dans la publicité programmatique, notamment pour l'optimisation des enchères en temps réel, la personnalisation des publicités et la prédiction des comportements des consommateurs.

4. **Avenir de la Publicité Numérique :**

○ Il a partagé sa vision de l'avenir de la publicité numérique, prévoyant une augmentation de l'utilisation de la réalité augmentée et virtuelle, ainsi que l'émergence de nouveaux formats publicitaires interactifs.

5. **Conseils pour les Annonceurs :**

o   Marc Dubois a conseillé aux annonceurs de rester à jour avec les dernières technologies et tendances, de se concentrer sur la création de contenu de qualité et d'adopter une approche centrée sur le consommateur pour rester compétitifs.

6. **Évolution des Compétences en Marketing :**

o   Il a également abordé l'évolution des compétences requises dans le marketing numérique, soulignant l'importance de la compréhension des technologies émergentes, de l'analyse de données et de la créativité.

Conclusion de la Discussion : La discussion avec Marc Dubois a offert des perspectives précieuses sur l'évolution rapide de la publicité numérique et le rôle crucial de la publicité programmatique. Ses insights mettent en évidence l'importance pour les entreprises de s'adapter aux changements technologiques, de respecter les normes éthiques et de se concentrer sur la création de campagnes publicitaires qui résonnent avec leur audience. Cette conversation souligne que, bien que la technologie soit un moteur clé, la créativité et la compréhension du consommateur restent au cœur du succès de la publicité numérique.

3. "Stratégies de Contenu Gagnantes" : Conseils de Julia Renard, Rédactrice en Chef et Stratège de Contenu

Contexte : Dans un monde numérique où le contenu est roi, développer une stratégie de contenu efficace est crucial pour le succès de toute entreprise en ligne. Julia Renard, une rédactrice en chef et stratège de contenu expérimentée, partage ses conseils sur la création de stratégies de contenu gagnantes.

Objectif de l'Entretien : L'objectif était de recueillir des conseils pratiques et des stratégies éprouvées pour créer un contenu engageant, informatif et influent, capable de captiver l'audience et de promouvoir la croissance de l'entreprise.

Points Clés de l'Entretien :

1. **Comprendre l'Audience :**
   o Julia Renard a souligné l'importance de comprendre en profondeur l'audience cible. Elle conseille de mener des recherches approfondies pour saisir les intérêts, les besoins et les préférences de l'audience, afin de créer un contenu qui résonne véritablement avec elle.

2. **Création de Contenu de Qualité :**
   o Elle a insisté sur l'importance de la qualité sur la quantité. Le contenu doit

être bien recherché, bien écrit et apporter une valeur réelle. Elle recommande d'utiliser des histoires et des exemples concrets pour rendre le contenu plus relatable et mémorable.

3. **Cohérence et Branding :**

o   Julia a souligné l'importance de maintenir une cohérence dans le ton, le style et les messages pour renforcer l'identité de la marque. Chaque pièce de contenu doit refléter la personnalité et les valeurs de la marque.

4. **Optimisation pour le SEO :**

o   Elle a conseillé d'intégrer des stratégies SEO dans la création de contenu pour améliorer la visibilité en ligne. Cela inclut l'utilisation de mots-clés pertinents, la création de titres accrocheurs et la production de contenu qui répond aux questions courantes des utilisateurs.

5. **Utilisation des Médias Sociaux :**

o   Julia a recommandé d'utiliser les médias sociaux pour promouvoir le contenu et engager directement avec l'audience. Elle suggère de varier les formats (posts, vidéos, infographies) pour maintenir l'engagement.

6. **Mesure et Analyse :**

o   Elle a souligné l'importance de mesurer régulièrement les performances du contenu à l'aide d'outils d'analyse. Comprendre ce qui fonctionne et ce qui ne fonctionne pas permet d'ajuster la stratégie en conséquence.

Conclusion de l'Entretien : L'entretien avec Julia Renard offre des insights précieux sur la création de stratégies de contenu efficaces. Ses conseils mettent en lumière l'importance de comprendre l'audience, de produire un contenu de qualité, de maintenir une cohérence de marque, d'optimiser pour le SEO, d'utiliser les médias sociaux pour l'engagement, et de mesurer les performances pour des ajustements continus. Ces stratégies sont essentielles pour toute entreprise cherchant à établir une présence en ligne forte et à connecter authentiquement avec son public.

4. "Le Pouvoir de la Réalité Augmentée" : Perspectives de Alex Tremblay, Innovateur en RA et RV

Contexte : La réalité augmentée (RA) et la réalité virtuelle (RV) transforment de nombreux secteurs, offrant des expériences immersives et interactives. Alex Tremblay, un innovateur reconnu dans le domaine de la RA et de la RV, partage ses perspectives sur l'impact et les applications de ces technologies.

Objectif de l'Entretien : L'objectif était d'explorer les possibilités offertes par la RA et la RV, en particulier dans le contexte du marketing et de l'engagement client, et de comprendre comment les entreprises peuvent tirer parti de ces technologies pour améliorer leurs stratégies commerciales.

Points Clés de l'Entretien :

1. **Potentiel de la RA et de la RV :**
   - Alex Tremblay a commencé par souligner le potentiel immense de la RA et de la RV pour créer des expériences client captivantes. Il a expliqué comment ces technologies permettent aux utilisateurs de s'immerger dans des environnements virtuels ou d'améliorer leur réalité actuelle avec des informations numériques.

2. **Applications dans le Marketing :**
   - Tremblay a discuté des applications de la RA et de la RV dans le marketing, notamment pour les essais virtuels de produits, les visites immersives de magasins ou de propriétés, et les campagnes publicitaires interactives.

3. **Défis et Solutions :**
   - Il a abordé les défis techniques et financiers liés à l'adoption de la RA et de la RV, tout en soulignant l'importance de développer des contenus attrayants et accessibles pour garantir une adoption réussie par les consommateurs.

4. **Impact sur l'Expérience Client :**

o   Tremblay a expliqué comment la RA et la RV peuvent enrichir l'expérience client, offrant des possibilités d'interaction et d'engagement qui vont au-delà des méthodes traditionnelles.

5. **Avenir de la RA et de la RV :**

o   Il a partagé sa vision de l'avenir de ces technologies, prévoyant une intégration plus poussée dans la vie quotidienne et une amélioration continue de leur accessibilité et de leur facilité d'utilisation.

6. **Conseils pour les Entreprises :**

o   Alex Tremblay a conseillé aux entreprises intéressées par la RA et la RV de commencer par des projets pilotes pour tester l'intérêt et la réaction des consommateurs, tout en restant attentives aux évolutions technologiques et aux meilleures pratiques du secteur.

Conclusion de l'Entretien : L'entretien avec Alex Tremblay offre des insights précieux sur le potentiel transformateur de la RA et de la RV, en particulier dans le domaine du marketing et de l'engagement client. Ses perspectives mettent en lumière l'importance pour les entreprises de comprendre ces technologies, d'explorer leurs applications pratiques, et de les intégrer de manière stratégique pour enrichir l'expérience client et se démarquer dans un marché concurrentiel.

5. "Blockchain et Marketing" : Vision de l'Avenir avec Anil Gupta, Expert en Blockchain

Contexte : La blockchain, souvent associée aux cryptomonnaies, a des applications bien au-delà de la finance. Anil Gupta, un expert en technologie blockchain, explore son potentiel dans le domaine du marketing.

Objectif de l'Entretien : L'objectif était de comprendre comment la blockchain peut transformer le marketing, en termes de transparence, de sécurité des données et de nouvelles opportunités de campagnes.

Points Clés de l'Entretien :

1. **Introduction à la Blockchain dans le Marketing :**
   - Anil Gupta a commencé par expliquer les bases de la blockchain et comment sa nature décentralisée et sécurisée peut bénéficier au marketing. Il a souligné l'importance de la transparence et de la traçabilité que la blockchain peut apporter aux campagnes marketing.

2. **Applications Pratiques :**
   - Gupta a discuté des applications concrètes de la blockchain en marketing, telles que la gestion sécurisée des données clients, le suivi transparent des chaînes

d'approvisionnement pour les produits de marketing, et la création de programmes de fidélité plus efficaces et sécurisés.

3. Personnalisation et Confidentialité :

o   Il a souligné comment la blockchain peut équilibrer la personnalisation du marketing avec la confidentialité des données. En utilisant la blockchain, les entreprises peuvent offrir des expériences personnalisées tout en donnant aux consommateurs un contrôle accru sur leurs données.

4. Impact sur la Publicité Numérique :

o   Gupta a abordé l'impact potentiel de la blockchain sur la publicité numérique, notamment en réduisant la fraude publicitaire et en améliorant la transparence des campagnes.

5. Défis et Limitations :

o   Il a également discuté des défis liés à l'adoption de la blockchain en marketing, tels que la complexité technologique, le besoin de normalisation et les questions réglementaires.

6. Vision de l'Avenir :

o   En conclusion, Anil Gupta a partagé sa vision de l'avenir de la blockchain en marketing. Il prévoit une adoption croissante de la blockchain, menant à des campagnes plus transparentes, sécurisées et centrées sur le consommateur.

Conclusion de l'Entretien : L'entretien avec Anil Gupta offre une perspective approfondie sur le potentiel révolutionnaire de la blockchain dans le domaine du marketing. Ses insights révèlent comment cette technologie peut transformer la manière dont les entreprises gèrent les données clients, mènent des campagnes publicitaires et construisent la confiance avec leur public. Pour les professionnels du marketing, comprendre et adopter la blockchain pourrait être un facteur clé pour rester compétitifs dans un avenir numérique en constante évolution.

6. "Révolution du Commerce Électronique" : Insights de Mia Zhang, CEO de E-Shop Innovations

Contexte : Le commerce électronique a connu une transformation rapide et continue, influençant profondément les habitudes d'achat des consommateurs. Mia Zhang, CEO de E-Shop Innovations, une entreprise leader dans les solutions de commerce électronique, partage ses insights sur les tendances actuelles et futures du secteur.

Objectif de l'Entretien : L'objectif était de recueillir des perspectives expertes sur la révolution du commerce électronique, en se concentrant sur les innovations technologiques, les stratégies de marketing numérique, et l'évolution des attentes des consommateurs.

Points Clés de l'Entretien :

1. **Évolution du Commerce Électronique :**

○ Mia Zhang a commencé par discuter de l'évolution rapide du commerce électronique, soulignant comment la technologie a changé la façon dont les gens achètent et vendent des produits. Elle a mis en évidence l'importance croissante de l'expérience utilisateur dans les plateformes de commerce électronique.

2. **Innovations Technologiques :**

○ Zhang a parlé des dernières innovations, telles que l'intelligence artificielle, la réalité augmentée, et les chatbots, qui transforment l'expérience d'achat en ligne en la rendant plus interactive et personnalisée.

3. **Stratégies de Marketing Numérique :**

○ Elle a partagé des insights sur les stratégies de marketing numérique efficaces dans le commerce électronique, notamment l'importance du SEO, du marketing de contenu, et des médias sociaux pour attirer et retenir les clients.

4. **Comportement des Consommateurs :**

○ Zhang a discuté de l'évolution des comportements des consommateurs, en mettant l'accent sur la demande croissante pour des expériences d'achat en ligne rapides, sécurisées et personnalisées.

5. **Défis et Opportunités :**

o   Elle a abordé les défis auxquels sont confrontés les détaillants en ligne, y compris la gestion de la logistique, la concurrence accrue, et la nécessité d'une adaptation constante aux nouvelles technologies.

6. **Avenir du Commerce Électronique :**

o   En conclusion, Mia Zhang a partagé sa vision de l'avenir du commerce électronique, prévoyant une intégration plus poussée des technologies avancées et une focalisation accrue sur l'expérience client personnalisée et omnicanale.

Conclusion de l'Entretien : L'entretien avec Mia Zhang offre des perspectives précieuses sur la dynamique en constante évolution du commerce électronique. Ses insights mettent en lumière l'importance de l'innovation technologique et de la compréhension approfondie du comportement des consommateurs pour réussir dans le commerce électronique moderne. Pour les entreprises opérant dans ce secteur, rester à la pointe de la technologie et s'adapter rapidement aux changements du marché sont essentiels pour rester compétitives et répondre efficacement aux besoins des consommateurs.

7. "Engagement des Médias Sociaux" : Stratégies de Laura Martinez, Consultante en Médias Sociaux

Contexte : Dans un monde où les médias sociaux sont devenus un élément central de la communication et du marketing, l'engagement sur ces plateformes est crucial pour le succès des entreprises. Laura Martinez, une consultante expérimentée en médias sociaux, partage ses stratégies pour maximiser l'engagement et renforcer la présence en ligne des marques.

Objectif de l'Entretien : L'objectif était de recueillir des stratégies efficaces et des conseils pratiques pour améliorer l'engagement sur les médias sociaux, en se concentrant sur les meilleures pratiques pour connecter avec l'audience et renforcer la visibilité de la marque.

Points Clés de l'Entretien :

1. **Comprendre l'Audience :**
   - Laura Martinez a souligné l'importance de comprendre en profondeur l'audience cible. Elle recommande d'analyser les données démographiques, les intérêts et les comportements pour créer un contenu qui résonne avec l'audience.

2. **Contenu de Qualité et Cohérent :**
   - Elle a insisté sur la nécessité de produire un contenu de qualité, cohérent

et aligné avec l'identité de la marque. Le contenu doit être à la fois informatif, divertissant et engageant pour encourager les interactions.

3. **Interaction et Réactivité :**

o Martinez a conseillé de répondre rapidement aux commentaires et messages pour construire une relation de confiance avec l'audience. L'interaction régulière augmente l'engagement et la fidélité des abonnés.

4. **Utilisation des Fonctionnalités des Plateformes :**

o Elle a recommandé d'utiliser pleinement les fonctionnalités offertes par chaque plateforme, comme les stories Instagram, les sondages Twitter, ou les vidéos en direct sur Facebook, pour diversifier le contenu et augmenter l'engagement.

5. **Campagnes et Collaborations :**

o Laura a suggéré de lancer des campagnes interactives, comme des concours ou des défis, et de collaborer avec des influenceurs pour étendre la portée et attirer de nouveaux abonnés.

6. **Mesure et Analyse :**

o Elle a souligné l'importance de mesurer régulièrement les performances à l'aide d'outils d'analyse pour comprendre ce qui fonctionne et ce qui ne fonctionne pas, permettant ainsi d'ajuster la stratégie en conséquence.

Conclusion de l'Entretien : L'entretien avec Laura Martinez offre des insights précieux sur l'optimisation de l'engagement sur les médias sociaux. Ses conseils mettent en lumière l'importance de comprendre l'audience, de créer un contenu de qualité, d'interagir activement avec les abonnés, d'exploiter les fonctionnalités des plateformes, et de mesurer l'impact des actions entreprises. Pour les marques cherchant à renforcer leur présence en ligne, adopter ces stratégies peut conduire à une augmentation significative de l'engagement et à une amélioration de la visibilité sur les médias sociaux.

8. "Analyse de Données pour le Marketing" : Techniques Avancées avec Dr. Rajesh Kumar, Data Scientist

Contexte : L'analyse de données joue un rôle crucial dans le marketing moderne, permettant aux entreprises de prendre des décisions éclairées et d'optimiser leurs stratégies. Dr. Rajesh Kumar, un data scientist renommé, partage ses insights sur l'utilisation de techniques avancées d'analyse de données dans le marketing.

Objectif de l'Entretien : L'objectif était d'explorer les méthodes et les applications de l'analyse de données avancée dans le marketing, en se concentrant sur la manière dont les entreprises peuvent utiliser ces techniques pour améliorer l'efficacité de leurs campagnes marketing.

Points Clés de l'Entretien :

1. **Importance de l'Analyse de Données :**
   - Dr. Kumar a commencé par souligner l'importance de l'analyse de données dans la compréhension du comportement des consommateurs et la mesure de l'efficacité des campagnes marketing.

2. **Techniques d'Analyse Avancées :**
   - Il a discuté des techniques avancées telles que le machine learning, l'analyse prédictive, et le traitement du langage naturel. Ces techniques permettent de dégager des tendances, de prédire les comportements des consommateurs et d'optimiser les campagnes en temps réel.

3. **Personnalisation du Marketing :**
   - Dr. Kumar a expliqué comment l'analyse de données permet une personnalisation plus poussée des campagnes marketing, en ciblant les consommateurs avec des messages et des offres adaptés à leurs besoins et préférences individuels.

4. **Segmentation du Marché :**
   - Il a souligné l'importance de la segmentation du marché basée sur les données, permettant aux entreprises de

cibler des groupes spécifiques de manière plus efficace.

5. **Mesure de la Performance :**

o   Dr. Kumar a abordé les méthodes pour mesurer et analyser la performance des campagnes marketing, en utilisant des indicateurs clés de performance (KPIs) pour évaluer le retour sur investissement (ROI).

6. **Défis et Solutions :**

o   Il a également discuté des défis liés à l'analyse de données, tels que la gestion de grandes quantités de données et la garantie de la protection de la vie privée des consommateurs.

Conclusion de l'Entretien : L'entretien avec Dr. Rajesh Kumar offre des perspectives précieuses sur l'application de l'analyse de données avancée dans le marketing. Ses insights mettent en lumière l'importance de l'utilisation stratégique des données pour comprendre les consommateurs, personnaliser les campagnes, et mesurer l'efficacité des efforts marketing. Pour les entreprises cherchant à optimiser leurs stratégies marketing, l'adoption de ces techniques avancées d'analyse de données est essentielle pour rester compétitives dans un environnement commercial de plus en plus axé sur les données.

9. "Personnalisation à l'Ère

Numérique" : Entretien avec Emily Robinson, Experte en Marketing Personnalisé

Contexte : La personnalisation est devenue un élément clé du marketing numérique, permettant aux entreprises de se connecter avec leurs clients de manière plus significative et efficace. Emily Robinson, une experte en marketing personnalisé, partage ses insights sur les meilleures pratiques et les tendances dans ce domaine.

Objectif de l'Entretien : L'objectif était de comprendre comment les entreprises peuvent utiliser la personnalisation pour améliorer l'engagement client, augmenter les conversions et renforcer la fidélité à la marque dans l'environnement numérique actuel.

Points Clés de l'Entretien :

1. **Importance de la Personnalisation :**

   o Emily Robinson a commencé par souligner l'importance croissante de la personnalisation dans le marketing numérique. Elle a expliqué comment la personnalisation peut améliorer l'expérience client en rendant les interactions plus pertinentes et engageantes.

2. **Utilisation des Données pour la Personnalisation :**

   o Elle a discuté de l'utilisation des

données clients pour créer des expériences personnalisées. Cela inclut l'analyse des comportements d'achat, des préférences et des interactions passées pour offrir des recommandations et des contenus sur mesure.

3. **Technologies de Personnalisation :**
o Robinson a abordé les différentes technologies qui facilitent la personnalisation, telles que l'intelligence artificielle, le machine learning et l'automatisation du marketing, qui permettent de personnaliser à grande échelle.

4. **Stratégies de Contenu Personnalisé :**
o Elle a partagé des stratégies pour créer du contenu personnalisé efficace, en insistant sur l'importance de comprendre les besoins et les désirs uniques de chaque segment de clientèle.

5. **Défis de la Personnalisation :**
o Emily a également discuté des défis liés à la personnalisation, notamment la gestion de la confidentialité des données et l'équilibre entre la personnalisation et l'overload d'informations.

6. **Avenir de la Personnalisation :**
o En conclusion, elle a partagé sa vision de l'avenir de la personnalisation dans le marketing numérique, prévoyant

une augmentation de l'adoption des technologies avancées et une personnalisation encore plus raffinée et intégrée.

Conclusion de l'Entretien : L'entretien avec Emily Robinson offre des perspectives précieuses sur la personnalisation dans le marketing numérique. Ses conseils mettent en lumière l'importance de l'utilisation stratégique des données et des technologies pour créer des expériences client personnalisées et mémorables. Pour les entreprises cherchant à se démarquer dans un paysage numérique encombré, adopter des stratégies de personnalisation avancées est essentiel pour engager efficacement les clients et renforcer la fidélité à la marque.

10. "SEO et Visibilité en Ligne" : Astuces de Kevin Patel, Gourou du SEO

Contexte : Dans un monde numérique où la visibilité en ligne est essentielle pour le succès des entreprises, le référencement naturel (SEO) joue un rôle crucial. Kevin Patel, un expert reconnu en SEO, partage ses astuces et stratégies pour améliorer la visibilité en ligne des entreprises.

Objectif de l'Entretien : L'objectif était de recueillir des conseils pratiques et des stratégies éprouvées pour optimiser le SEO et améliorer la présence en ligne des entreprises, en se concentrant sur les meilleures pratiques pour augmenter le trafic organique et la visibilité sur les moteurs de recherche.

Points Clés de l'Entretien :

1. **Importance du SEO :**
   - Kevin Patel a commencé par souligner l'importance du SEO dans le marketing numérique actuel. Il a expliqué comment un bon référencement peut conduire à une visibilité accrue, à un trafic de qualité et à une meilleure crédibilité en ligne.

2. **Recherche de Mots-Clés :**
   - Patel a insisté sur l'importance de la recherche de mots-clés pour comprendre ce que recherche l'audience cible. Il a conseillé d'utiliser des outils de recherche de mots-clés pour identifier les termes pertinents et à fort potentiel.

3. **Optimisation On-Page :**
   - Il a partagé des astuces pour l'optimisation on-page, y compris la création de titres et de méta-descriptions attrayants, l'utilisation appropriée des balises H1 et H2, et l'optimisation des images.

4. **Contenu de Qualité :**
   - Kevin a souligné l'importance de produire un contenu de qualité, informatif et pertinent pour l'audience. Il

a recommandé de créer un contenu qui répond aux questions des utilisateurs et qui apporte une valeur ajoutée.

5. **SEO Technique :**

o Il a abordé l'aspect technique du SEO, en parlant de l'importance de la vitesse de chargement du site, de la compatibilité mobile et de la structure URL propre.

6. **Backlinks et Autorité de Domaine :**

o Patel a discuté de l'importance des backlinks pour construire l'autorité de domaine. Il a conseillé d'adopter des stratégies de link building éthiques pour obtenir des liens de qualité provenant de sites autoritaires.

7. **Mesure et Analyse :**

o Enfin, il a souligné l'importance de mesurer et d'analyser les performances SEO à l'aide d'outils comme Google Analytics et Google Search Console pour comprendre ce qui fonctionne et ce qui peut être amélioré.

Conclusion de l'Entretien : L'entretien avec Kevin Patel offre des insights précieux sur l'optimisation du SEO pour améliorer la visibilité en ligne. Ses conseils mettent en lumière l'importance d'une stratégie SEO bien planifiée, incluant la recherche de mots-clés, l'optimisation on-page, la création de contenu de qualité, les aspects techniques, et une stratégie de backlinks solide. Pour les entreprises cherchant à augmenter leur présence en ligne, suivre ces astuces peut conduire à une amélioration significative de leur visibilité sur les moteurs de recherche et à une augmentation de leur trafic organique.

11. "Marketing Mobile et Applications" : Tendances et Conseils de Omar Farooq, Développeur d'Applications Mobiles

Contexte : Avec l'augmentation constante de l'utilisation des smartphones, le marketing mobile et les applications sont devenus des outils essentiels pour atteindre les consommateurs. Omar Farooq, un développeur d'applications mobiles expérimenté, partage ses perspectives sur les dernières tendances et offre des conseils pour réussir dans le domaine du marketing mobile.

Objectif de l'Entretien : L'objectif était d'explorer les stratégies actuelles et futures du marketing mobile, en se concentrant sur la manière dont les entreprises peuvent utiliser les applications mobiles pour améliorer l'engagement client et stimuler les ventes.

Points Clés de l'Entretien :

1. **Importance Croissante du Marketing Mobile :**
   - Omar Farooq a commencé par souligner l'importance croissante du marketing

mobile dans le paysage actuel. Il a expliqué comment les smartphones sont devenus un canal de communication privilégié pour de nombreux consommateurs.

2. **Développement d'Applications Mobiles :**

o Farooq a partagé des insights sur le développement d'applications mobiles, en insistant sur l'importance de créer des applications intuitives, rapides et engageantes qui offrent une valeur réelle aux utilisateurs.

3. **Personnalisation et Expérience Utilisateur :**

o Il a souligné l'importance de la personnalisation dans les applications mobiles pour améliorer l'expérience utilisateur. Farooq a conseillé d'utiliser les données des utilisateurs pour offrir des expériences personnalisées et pertinentes.

4. **Intégration des Fonctionnalités Avancées :**

o Omar a discuté de l'intégration de fonctionnalités avancées telles que la réalité augmentée, les chatbots et l'intelligence artificielle pour enrichir l'expérience utilisateur et augmenter l'engagement.

5. **Stratégies de Monétisation :**

o Il a abordé différentes stratégies de monétisation pour les applications mobiles, y compris les achats intégrés, les abonnements et la publicité ciblée.

6. **Importance des Mises à Jour et de l'Assistance :**

o   Farooq a souligné l'importance de maintenir les applications à jour avec les dernières fonctionnalités et de fournir une assistance rapide pour améliorer la satisfaction des utilisateurs.

7. **Tendances Futures en Marketing Mobile :**

o   En conclusion, il a partagé sa vision des tendances futures en marketing mobile, prévoyant une augmentation de l'utilisation des technologies émergentes pour créer des expériences utilisateur plus immersives et interactives.

Conclusion de l'Entretien : L'entretien avec Omar Farooq offre des perspectives précieuses sur le marketing mobile et le développement d'applications. Ses conseils mettent en lumière l'importance de créer des applications mobiles centrées sur l'utilisateur, intégrant des fonctionnalités avancées et offrant des expériences personnalisées. Pour les entreprises cherchant à se démarquer dans un marché mobile encombré, adopter ces stratégies peut conduire à une amélioration significative de l'engagement client et à une augmentation des revenus.

12. "Influenceurs et Marques" :

Collaboration Efficace avec Sarah Johnson, Spécialiste du Marketing d'Influence

Contexte : Le marketing d'influence est devenu un élément clé des stratégies de marque dans le monde numérique actuel. Sarah Johnson, une spécialiste reconnue du marketing d'influence, partage ses insights sur la manière dont les marques peuvent collaborer efficacement avec les influenceurs pour maximiser leur impact.

Objectif de l'Entretien : L'objectif était d'explorer les meilleures pratiques pour les collaborations entre marques et influenceurs, en se concentrant sur la création de partenariats authentiques et bénéfiques pour les deux parties.

Points Clés de l'Entretien :

1. **Choix des Influenceurs :**

   o   Sarah Johnson a commencé par souligner l'importance de choisir des influenceurs dont l'image et les valeurs correspondent à celles de la marque. Elle a conseillé d'analyser l'audience de l'influenceur, son engagement et sa crédibilité avant d'établir un partenariat.

2. **Développement de Relations Authentiques :**

   o   Elle a insisté sur l'importance de développer des relations authentiques avec les influenceurs. Cela implique de travailler avec des influenceurs qui sont véritablement passionnés par la marque et ses produits.

3. Stratégies de Contenu :

o Johnson a discuté des stratégies de contenu pour les campagnes d'influence, en recommandant de permettre aux influenceurs d'avoir une certaine liberté créative pour produire du contenu qui résonne naturellement avec leur audience.

4. Mesure de l'Impact :

o Elle a abordé l'importance de mesurer l'impact des campagnes d'influence, en utilisant des indicateurs tels que l'engagement, la portée, et le retour sur investissement (ROI).

5. Tendances et Innovations :

o Sarah a partagé sa vision des tendances actuelles et futures dans le marketing d'influence, y compris l'utilisation croissante des micro-influenceurs et l'intégration de la réalité augmentée et virtuelle dans les campagnes.

6. Défis et Solutions :

o Elle a également discuté des défis courants dans les collaborations entre marques et influenceurs, tels que la gestion des attentes et la préservation de l'authenticité, et a proposé des solutions pour les surmonter.

Conclusion de l'Entretien : L'entretien avec Sarah Johnson offre des perspectives précieuses sur les collaborations entre marques et influenceurs dans le marketing d'aujourd'hui. Ses conseils mettent en lumière l'importance de choisir les bons influenceurs, de développer des relations authentiques, de créer un contenu engageant, et de mesurer l'impact des campagnes. Pour les marques cherchant à tirer parti du marketing d'influence, suivre ces stratégies peut conduire à des partenariats plus fructueux et à une plus grande résonance avec leur public cible.

13. "Expérience Utilisateur et Conception Web" : Principes Clés avec Diego Martinez, UX/UI Designer

Contexte : L'expérience utilisateur (UX) et l'interface utilisateur (UI) sont cruciales pour le succès de tout produit numérique. Diego Martinez, un designer UX/UI expérimenté, partage ses principes clés pour créer des expériences web engageantes et intuitives.

Objectif de l'Entretien : L'objectif était d'explorer les meilleures pratiques en matière de conception UX/UI, en se concentrant sur la manière de créer des sites web et des applications qui répondent aux besoins des utilisateurs tout en étant esthétiquement plaisants.

Points Clés de l'Entretien :

1. **Compréhension de l'Utilisateur :**

   o   Diego Martinez a commencé par souligner l'importance de comprendre les besoins, les désirs et les comportements des utilisateurs. Il a recommandé des recherches approfondies sur les utilisateurs, y compris des interviews et des tests d'utilisabilité, pour guider la conception.

2. **Simplicité et Clarté :**

   o   Il a insisté sur la nécessité de maintenir la simplicité et la clarté dans la conception. Cela inclut l'utilisation d'une navigation intuitive, la réduction de la surcharge cognitive et la création d'interfaces épurées.

3. **Cohérence dans la Conception :**

   o   Martinez a parlé de l'importance de la cohérence dans la conception, en utilisant des éléments de design récurrents, des palettes de couleurs harmonieuses et des typographies uniformes pour créer une expérience utilisateur cohérente.

4. **Conception Réactive :**

   o   Il a abordé l'importance de la conception réactive, assurant que les sites web et les applications fonctionnent bien sur une variété d'appareils et de tailles d'écran.

5. **Accessibilité :**

o   Diego a souligné l'importance de l'accessibilité dans la conception UX/UI, en s'assurant que les produits numériques sont utilisables par des personnes ayant diverses capacités.

6. **Tests et Itération :**

o   Il a recommandé des tests continus avec de vrais utilisateurs et l'itération basée sur les retours pour améliorer constamment l'expérience utilisateur.

7. **Tendances et Innovations :**

o   En conclusion, Martinez a partagé sa perspective sur les tendances actuelles et futures en UX/UI, telles que l'adoption de l'intelligence artificielle, la conception pour les appareils portables et la réalité augmentée.

Conclusion de l'Entretien : L'entretien avec Diego Martinez offre des insights précieux sur la conception UX/UI. Ses principes clés mettent en lumière l'importance de comprendre les utilisateurs, de créer des designs simples et cohérents, de garantir l'accessibilité, et d'adopter une approche itérative basée sur les tests. Pour les concepteurs et les développeurs cherchant à créer des expériences web et mobiles exceptionnelles, suivre ces directives peut conduire à des produits plus intuitifs, engageants et réussis.

14. "Développement Durable et

Marketing" : Approches Éthiques avec Nora Khaled, Consultante en Développement Durable

Contexte : Dans un monde de plus en plus conscient des enjeux environnementaux et sociaux, le développement durable est devenu un aspect crucial du marketing. Nora Khaled, une consultante en développement durable, partage ses perspectives sur l'intégration de pratiques durables et éthiques dans les stratégies marketing.

Objectif de l'Entretien : L'objectif était d'explorer comment les entreprises peuvent adopter des approches de marketing qui non seulement respectent les principes du développement durable, mais qui contribuent également à une image de marque positive et responsable.

Points Clés de l'Entretien :

1. **Importance du Développement Durable en Marketing :**

   o Nora Khaled a souligné l'importance croissante du développement durable dans les décisions des consommateurs. Elle a expliqué comment une approche durable peut renforcer la réputation d'une marque et favoriser la fidélité des clients.

2. **Transparence et Authenticité :**

   o Elle a insisté sur la nécessité pour les marques d'être transparentes et authentiques dans leurs pratiques durables. Cela inclut la communication honnête sur les efforts de durabilité et les impacts environnementaux.

3. **Marketing Vert et Communication :**

o   Khaled a discuté des stratégies de marketing vert, en recommandant de mettre en avant les initiatives écologiques de l'entreprise dans la communication marketing, tout en évitant le "greenwashing".

4. **Engagement envers la Responsabilité Sociale :**

o   Elle a souligné l'importance de l'engagement social des entreprises, en encourageant les marques à soutenir des causes sociales et environnementales pertinentes.

5. **Innovation Durable :**

o   Nora a abordé l'importance de l'innovation dans le développement de produits et services durables, en encourageant les entreprises à intégrer des pratiques durables dès la phase de conception.

6. **Partenariats et Collaborations :**

o   Elle a conseillé de former des partenariats avec des organisations durables et des groupes écologiques pour renforcer la crédibilité et l'impact des initiatives de durabilité.

7. **Mesure de l'Impact :**

o   Khaled a souligné l'importance de mesurer et de communiquer l'impact des initiatives durables, en utilisant des indicateurs clairs pour démontrer l'engagement de l'entreprise envers le développement durable.

Conclusion de l'Entretien : L'entretien avec Nora Khaled offre des insights précieux sur l'intégration du développement durable dans le marketing. Ses conseils mettent en lumière l'importance de la transparence, de l'authenticité, de l'innovation durable, et de l'engagement social pour les marques souhaitant adopter des pratiques de marketing éthiques. Pour les entreprises qui cherchent à se positionner comme responsables et soucieuses de l'environnement, suivre ces stratégies peut non seulement améliorer leur image de marque, mais aussi contribuer positivement à la société et à l'environnement.

Modèles et Exemples de Stratégies

Modèles de Planification Stratégique

La planification stratégique est essentielle pour toute entreprise souhaitant naviguer avec succès dans le paysage commercial en constante évolution. Voici un guide sur les modèles de planification stratégique qui peuvent être utilisés pour structurer et guider le processus de développement de stratégies efficaces.

1. **Analyse SWOT (Forces, Faiblesses, Opportunités, Menaces) :**

   o   Ce modèle implique l'évaluation des forces internes et des faiblesses de votre entreprise, ainsi que des opportunités et des menaces externes. Il aide à identifier les domaines clés sur lesquels se concentrer pour améliorer et développer votre entreprise.

2. **Objectifs SMART (Spécifiques, Mesurables, Atteignables, Réalistes, Temporellement définis) :**

   o   Les objectifs SMART aident à définir des cibles claires et réalisables pour votre entreprise. Ce modèle garantit que chaque objectif est spécifique, mesurable, atteignable, réaliste et lié à un délai.

3. **Modèle de Porter sur les Cinq Forces :**

   o   Ce modèle analyse cinq forces qui influencent la compétitivité dans une industrie : la menace de nouveaux entrants, le pouvoir de négociation des fournisseurs, le pouvoir de négociation des clients, la menace de produits ou services de substitution, et l'intensité de la concurrence concurrentielle.

4. **Planification Basée sur les Scénarios :**

o   La planification basée sur les scénarios implique la création de différents scénarios futurs possibles. Cela aide les entreprises à envisager diverses possibilités et à développer des stratégies flexibles qui peuvent s'adapter à des changements imprévus.

5. **Modèle de McKinsey 7S :**

o   Ce modèle examine sept éléments interdépendants qui forment une organisation : structure, stratégie, systèmes, style, personnel, compétences et valeurs partagées. Il est utilisé pour s'assurer que tous les aspects de l'entreprise sont alignés et travaillent ensemble efficacement.

6. **Modèle de Planification Stratégique de Ansoff :**

o   Le modèle de Ansoff, ou matrice de croissance, aide les entreprises à déterminer leur stratégie de croissance en évaluant les options de marché et de produit, y compris la pénétration de marché, le développement de marché, le développement de produit et la diversification.

7. **Modèle de Planification Stratégique du Boston Consulting Group (BCG) :**

o   La matrice BCG est un outil de planification stratégique qui aide les entreprises à évaluer leurs portefeuilles de produits ou d'unités commerciales en fonction de leur part de marché et du taux de croissance du marché.

8. **Modèle de Planification Stratégique Balanced Scorecard :**

o   Le Balanced Scorecard est un cadre de gestion stratégique utilisé pour suivre et gérer la performance de l'organisation en se concentrant sur des indicateurs clés dans quatre perspectives : financière, client, processus internes, et apprentissage et croissance.

9. **Modèle de Planification Stratégique Blue Ocean :**

o   Le modèle Blue Ocean encourage les entreprises à sortir des marchés saturés (océans rouges) et à créer de nouveaux espaces de marché (océans bleus) où la concurrence est moins intense.

10. **Modèle de Planification Stratégique PESTEL :**

o   L'analyse PESTEL examine les facteurs Politiques, Économiques, Sociaux, Technologiques, Environnementaux et Légaux qui peuvent affecter une entreprise. Elle est utilisée pour identifier les tendances externes qui peuvent influencer la stratégie de l'entreprise.

Chacun de ces modèles offre une approche

unique pour aider les entreprises à développer des stratégies efficaces et à planifier pour l'avenir. En les utilisant, les entreprises peuvent mieux comprendre leur environnement, identifier les opportunités de croissance et se préparer aux défis futurs.

Exemples de Stratégies de Marketing Numérique

Le marketing numérique est un domaine dynamique et en constante évolution. Voici des exemples concrets de stratégies de marketing numérique qui peuvent être appliquées pour améliorer la visibilité, l'engagement et la conversion.

1. **Optimisation pour les Moteurs de Recherche (SEO) :**
   - **Exemple :** Une entreprise de mode met en œuvre une stratégie SEO complète, incluant la recherche de mots-clés pour identifier les termes les plus recherchés dans son secteur, l'optimisation du contenu de son site web, et la construction de liens de qualité pour améliorer son classement dans les résultats de recherche.

2. **Marketing de Contenu :**
   - **Exemple :** Un fabricant d'équipements de sport développe un blog riche en contenu, offrant des conseils d'entraînement, des

revues de produits et des histoires inspirantes de sportifs. Le contenu est régulièrement partagé sur les réseaux sociaux pour augmenter l'engagement et attirer du trafic vers le site.

3. **Marketing sur les Réseaux Sociaux :**

o **Exemple :** Une start-up technologique utilise les réseaux sociaux pour partager des mises à jour sur ses produits, des témoignages de clients et des vidéos de démonstration. Elle engage également son public à travers des Q&A en direct et des concours.

4. **Publicité Payante (PPC) :**

o **Exemple :** Un restaurant local lance une campagne de publicité payante sur Google Ads et Facebook, ciblant des mots-clés spécifiques et des audiences locales pour promouvoir ses offres spéciales et augmenter les réservations.

5. **Email Marketing :**

o **Exemple :** Une librairie en ligne crée une newsletter mensuelle offrant des critiques de livres, des interviews d'auteurs et des réductions exclusives. Elle segmente sa liste d'abonnés pour personnaliser les recommandations de lecture en fonction des intérêts de chaque abonné.

6. **Marketing d'Influence :**

o **Exemple :** Une marque de cosmétiques

collabore avec des influenceurs sur Instagram et YouTube pour créer du contenu autour de ses produits. Les influenceurs partagent leur expérience avec les produits et offrent des codes de réduction à leurs abonnés.

7. **Stratégies de Contenu Vidéo :**

o **Exemple :** Une entreprise de fitness crée une série de vidéos d'entraînement et de conseils de bien-être sur YouTube, attirant ainsi une audience engagée et augmentant la notoriété de sa marque.

8. **Optimisation Mobile et Marketing d'Applications :**

o **Exemple :** Une application de livraison de nourriture optimise son site web et son application pour les appareils mobiles, offrant une expérience utilisateur fluide. Elle utilise également des campagnes publicitaires ciblées pour encourager les téléchargements de l'application.

9. **Stratégies de Marketing Automatisé :**

o **Exemple :** Un fournisseur de services B2B utilise des outils d'automatisation pour suivre les leads, envoyer des emails personnalisés en fonction du comportement des utilisateurs, et nourrir les prospects tout au long du parcours client.

10. **Utilisation de Données et d'Analyses**

pour la Prise de Décision :

- **Exemple :** Un détaillant en ligne utilise des outils d'analyse pour suivre le comportement des utilisateurs sur son site, identifier les produits les plus populaires, et ajuster sa stratégie de stock et de marketing en conséquence.

Ces exemples illustrent comment différentes stratégies de marketing numérique peuvent être appliquées dans divers contextes pour atteindre des objectifs spécifiques, améliorer l'engagement client et stimuler la croissance de l'entreprise.

Stratégies de Marketing d'Influence

Le marketing d'influence est une stratégie clé dans le monde numérique actuel, permettant aux marques de se connecter avec leur public cible par l'intermédiaire de personnalités influentes sur les réseaux sociaux. Voici des stratégies détaillées pour mettre en œuvre un marketing d'influence efficace.

1. **Identification et Sélection des Influenceurs Pertinents :**

- **Stratégie :** Recherchez des influenceurs dont le public cible correspond à celui de votre marque. Utilisez des outils d'analyse des réseaux sociaux pour évaluer leur portée, engagement, et pertinence. Privilégiez les influenceurs dont le style et les valeurs correspondent à ceux de votre marque.

2. **Développement de Relations Authentiques avec les Influenceurs :**

o **Stratégie :** Construisez des relations à long terme avec les influenceurs. Commencez par des interactions authentiques sur leurs plateformes, comme commenter leurs posts ou partager leur contenu, avant de leur proposer un partenariat.

3. **Création de Contenu Collaboratif :**

o **Stratégie :** Travaillez avec les influenceurs pour créer du contenu qui semble naturel et authentique à leur style habituel. Le contenu doit apporter de la valeur à leur public tout en mettant en avant votre marque de manière subtile.

4. **Campagnes Ciblées Basées sur des Événements ou des Lancements :**

o **Stratégie :** Utilisez le marketing d'influence pour des campagnes spécifiques, comme le lancement d'un nouveau produit ou un événement spécial. Les influenceurs peuvent créer un buzz autour de l'événement et attirer l'attention sur votre marque.

5. **Utilisation de Codes Promo et Liens de Suivi :**

o **Stratégie :** Fournissez aux influenceurs des codes promo exclusifs ou des liens de suivi. Cela permet non seulement de mesurer l'efficacité de la campagne, mais aussi d'offrir une incitation tangible à leur public pour interagir avec votre marque.

6. **Engagement Multiplateforme :**

o   **Stratégie :** Impliquez les influenceurs sur plusieurs plateformes (Instagram, YouTube, TikTok, etc.) pour maximiser la portée. Adaptez le contenu à chaque plateforme pour une meilleure résonance avec le public cible.

7. **Analyse et Mesure des Performances :**

o   **Stratégie :** Utilisez des outils d'analyse pour suivre les performances des campagnes de marketing d'influence. Mesurez l'engagement, la portée, le trafic généré et les conversions pour évaluer le ROI et ajuster les futures stratégies.

8. **Marketing d'Influence et RSE (Responsabilité Sociale des Entreprises) :**

o   **Stratégie :** Intégrez des initiatives de RSE dans vos campagnes de marketing d'influence. Collaborez avec des influenceurs sur des projets qui mettent en avant les efforts de durabilité ou de responsabilité sociale de votre marque.

9. **Narratives et Storytelling :**

o   **Stratégie :** Encouragez les influenceurs à raconter des histoires captivantes autour de votre marque. Le storytelling peut créer une connexion émotionnelle plus profonde avec le public.

10. **Innovation et Tendances :**

o   **Stratégie** : Restez à l'affût des dernières tendances en matière de marketing d'influence, comme l'utilisation d'influenceurs virtuels ou l'exploitation de nouvelles fonctionnalités sur les réseaux sociaux, pour garder vos campagnes fraîches et engageantes.

En appliquant ces stratégies, les entreprises peuvent tirer pleinement parti du marketing d'influence pour accroître leur notoriété, engager leur public cible et stimuler les conversions.

Modèles de Stratégies SEO

Le référencement naturel (SEO) est un élément crucial du marketing numérique, aidant les sites web à améliorer leur visibilité et leur classement dans les moteurs de recherche. Voici des modèles de stratégies SEO que vous pouvez adopter pour optimiser votre présence en ligne.

1. **Optimisation On-Page :**

o   **Stratégie** : Concentrez-vous sur l'optimisation des éléments individuels de votre site web, tels que les titres, les méta-descriptions, le contenu de qualité, et l'utilisation stratégique des mots-clés. Assurez-vous que chaque page est optimisée pour des mots-clés spécifiques et pertinents.

2. **Optimisation Technique :**

o   **Stratégie :** Améliorez les aspects techniques de votre site web pour le rendre plus accessible aux moteurs de recherche. Cela inclut l'amélioration de la vitesse du site, la création d'un fichier sitemap XML, l'optimisation des URL, et la garantie que votre site est mobile-friendly.

3. **Création de Contenu de Qualité :**

o   **Stratégie :** Développez un contenu informatif, pertinent et de haute qualité qui répond aux besoins et aux questions de votre public cible. Utilisez des formats variés comme des articles de blog, des vidéos, des infographies et des études de cas.

4. **Link Building :**

o   **Stratégie :** Concentrez-vous sur l'acquisition de backlinks de qualité provenant de sites web autoritaires. Utilisez des techniques comme le guest blogging, les partenariats avec d'autres sites, et la création de contenu partageable qui attire naturellement des liens.

5. **SEO Local :**

o   **Stratégie :** Si vous avez une entreprise physique ou une audience locale, optimisez votre présence en ligne pour les recherches locales. Cela inclut la création d'une page Google My Business, l'optimisation pour des mots-clés locaux, et la collecte d'avis clients.

6. **Analyse de la Concurrence :**

o **Stratégie :** Analysez les stratégies SEO de vos concurrents pour identifier les opportunités et les lacunes dans votre propre stratégie. Utilisez des outils pour analyser les mots-clés pour lesquels ils se classent, les backlinks qu'ils ont acquis, et leur performance de contenu.

7. **Optimisation pour la Recherche Vocale :**

o **Stratégie :** Optimisez votre contenu pour la recherche vocale en utilisant un langage naturel et des phrases clés sous forme de questions. Concentrez-vous sur les requêtes longue traîne et les réponses directes aux questions courantes.

8. **Suivi et Analyse des Performances :**

o **Stratégie :** Utilisez des outils comme Google Analytics et Google Search Console pour suivre les performances de votre site. Analysez les métriques telles que le trafic organique, le taux de rebond, et les positions de classement pour ajuster votre stratégie SEO.

9. **SEO Mobile :**

o **Stratégie :** Assurez-vous que votre site est entièrement optimisé pour les appareils mobiles. Cela inclut un design réactif, des temps de chargement rapides, et une expérience utilisateur mobile fluide.

10. **Utilisation des Données Structurées :**

o **Stratégie :** Implémentez des données structurées (schema markup) pour aider les moteurs de recherche à mieux comprendre le contenu de votre site. Cela peut améliorer la façon dont vos pages sont affichées dans les résultats de recherche avec des extraits enrichis.

En mettant en œuvre ces stratégies SEO, vous pouvez améliorer significativement la visibilité de votre site web dans les moteurs de recherche, attirer un trafic plus qualifié, et ultimement augmenter votre taux de conversion.

Stratégies de Développement Durable

Le développement durable est devenu un aspect crucial de la stratégie d'entreprise, non seulement pour sa contribution positive à l'environnement et à la société, mais aussi pour sa capacité à générer de la valeur à long terme pour l'entreprise. Voici des stratégies de développement durable que les entreprises peuvent adopter pour intégrer des pratiques responsables dans leurs opérations.

1. **Évaluation de l'Impact Environnemental :**

o **Stratégie :** Effectuez une évaluation complète de l'impact environnemental de votre entreprise. Cela inclut l'analyse de la consommation d'énergie, des émissions de gaz à effet de serre, de l'utilisation de l'eau, et de la gestion des déchets. Utilisez ces données pour identifier les domaines d'amélioration.

2. **Réduction de l'Empreinte Carbone :**

o   **Stratégie :** Mettez en œuvre des mesures pour réduire l'empreinte carbone de votre entreprise. Cela peut inclure l'utilisation d'énergies renouvelables, l'amélioration de l'efficacité énergétique des bâtiments et des processus, et la réduction des déplacements en favorisant le télétravail ou les voyages d'affaires durables.

3. **Gestion Durable des Ressources :**

o   **Stratégie :** Adoptez des pratiques de gestion durable des ressources. Cela peut impliquer la réduction de la consommation de matières premières, le recyclage des matériaux, et l'utilisation de produits recyclés ou biodégradables.

4. **Chaîne d'Approvisionnement Responsable :**

o   **Stratégie :** Assurez-vous que votre chaîne d'approvisionnement est éthique et durable. Cela inclut le choix de fournisseurs qui adhèrent aux normes environnementales et sociales, et la mise en place de politiques d'approvisionnement responsable.

5. **Engagement envers la RSE (Responsabilité Sociale des Entreprises) :**

○ **Stratégie :** Développez et mettez en œuvre des initiatives de RSE qui correspondent aux valeurs de votre entreprise. Cela peut inclure des programmes de bénévolat pour les employés, des dons à des causes sociales, et des partenariats avec des organisations à but non lucratif.

6. **Innovation Durable :**

○ **Stratégie :** Encouragez l'innovation durable au sein de votre entreprise. Investissez dans la recherche et le développement de produits et services écologiques, et explorez de nouvelles méthodes de production plus durables.

7. **Communication et Transparence :**

○ **Stratégie :** Communiquez ouvertement vos engagements et vos réalisations en matière de développement durable. Publiez des rapports de durabilité et utilisez vos plateformes de communication pour sensibiliser à vos efforts.

8. **Formation et Sensibilisation des Employés :**

○ **Stratégie :** Formez et sensibilisez vos employés aux pratiques de développement durable. Encouragez-les à adopter des comportements écoresponsables au travail et dans leur vie personnelle.

9. **Intégration du Développement Durable dans la Culture d'Entreprise :**

o **Stratégie :** Faites du développement durable une partie intégrante de la culture de votre entreprise. Cela peut inclure la mise en place de politiques internes durables et l'encouragement d'une mentalité de durabilité à tous les niveaux de l'organisation.

10. **Collaboration et Partenariats :**

o **Stratégie :** Collaborez avec d'autres entreprises, gouvernements, et organisations non gouvernementales pour promouvoir des initiatives de développement durable. Les partenariats peuvent aider à partager les connaissances, les ressources et à avoir un impact plus important.

En adoptant ces stratégies de développement durable, les entreprises peuvent non seulement contribuer positivement à l'environnement et à la société, mais aussi renforcer leur marque, améliorer leur compétitivité et assurer leur viabilité à long terme.

Stratégies de Personnalisation Client

La personnalisation client est une stratégie clé pour améliorer l'expérience client, augmenter la fidélité et stimuler les ventes. Voici des stratégies de personnalisation client que les entreprises peuvent adopter pour offrir des expériences plus ciblées et pertinentes.

1. **Collecte et Analyse de Données Clients :**

   o **Stratégie :** Utilisez des outils d'analyse de données pour collecter des informations sur les préférences, le comportement d'achat et les interactions passées des clients. Analysez ces données pour comprendre les besoins et les intérêts spécifiques de vos clients.

2. **Segmentation de l'Audience :**

   o **Stratégie :** Divisez votre base de clients en segments basés sur des critères tels que l'âge, le sexe, la localisation géographique, le comportement d'achat, et les intérêts. Cela permet de créer des messages marketing plus ciblés et pertinents.

3. **Personnalisation du Contenu :**

   o **Stratégie :** Créez du contenu personnalisé qui résonne avec différents segments de clients. Cela peut inclure des e-mails personnalisés, des recommandations de produits sur votre site web, et des messages sur les réseaux sociaux adaptés aux intérêts des utilisateurs.

4. **Expérience Utilisateur Personnalisée sur le Site Web :**

   o **Stratégie :** Utilisez la technologie

pour adapter l'expérience sur votre site web en fonction des préférences et du comportement des visiteurs. Cela peut inclure l'affichage de produits ou d'offres spécifiques, et la personnalisation de la navigation sur le site.

5. **Marketing par E-mail Ciblé :**

o **Stratégie** : Envoyez des e-mails personnalisés basés sur les actions et les préférences des clients. Utilisez des outils d'automatisation du marketing pour envoyer des messages pertinents au bon moment, comme des e-mails de panier abandonné ou des offres spéciales d'anniversaire.

6. **Offres et Promotions Personnalisées :**

o **Stratégie** : Créez des offres et des promotions qui sont personnalisées pour des segments de clients spécifiques. Cela peut inclure des réductions sur des produits qu'ils ont consultés ou des offres basées sur leurs achats précédents.

7. **Chatbots et Assistance Personnalisée :**

o **Stratégie** : Utilisez des chatbots et des assistants virtuels pour offrir une assistance personnalisée. Les chatbots peuvent répondre aux questions des clients, recommander des produits et fournir une assistance sur mesure.

8. **Feedback et Écoute des Clients :**

- o **Stratégie :** Recueillez régulièrement des retours de la part de vos clients et utilisez ces informations pour améliorer la personnalisation. Les enquêtes, les commentaires sur les réseaux sociaux, et les avis clients sont des sources précieuses d'informations.

9. **Utilisation de l'Intelligence Artificielle :**

- o **Stratégie :** Implémentez des solutions d'IA pour analyser les données clients à grande échelle et générer des insights pour la personnalisation. L'IA peut aider à identifier des tendances et des modèles dans le comportement des clients.

10. **Expériences Omnicanal Cohérentes :**

- o **Stratégie :** Assurez une expérience cohérente sur tous les canaux - en ligne et hors ligne. La personnalisation doit être intégrée dans le site web, les applications mobiles, les interactions en magasin, et les campagnes marketing.

En adoptant ces stratégies de personnalisation client, les entreprises peuvent créer des expériences plus engageantes et pertinentes pour leurs clients, ce qui peut conduire à une augmentation de la satisfaction client, de la fidélité et des ventes.

Stratégies de Publicité Programmatique

La publicité programmatique utilise des plateformes automatisées pour acheter et vendre des espaces publicitaires en ligne, permettant aux annonceurs de cibler leur public de manière plus précise et efficace. Voici des stratégies clés pour optimiser vos campagnes de publicité programmatique.

1. **Compréhension des Plateformes Programmatiques :**
   - **Stratégie :** Familiarisez-vous avec les différentes plateformes programmatiques, y compris les DSP (Demand-Side Platforms), SSP (Supply-Side Platforms), et les ad exchanges. Comprendre le fonctionnement de ces plateformes est essentiel pour optimiser vos campagnes.

2. **Ciblage Précis de l'Audience :**
   - **Stratégie :** Utilisez des données démographiques, comportementales, et contextuelles pour cibler précisément votre audience. Le ciblage peut inclure l'âge, le sexe, les intérêts, le comportement de navigation, et la localisation géographique.

3. **Optimisation en Temps Réel :**
   - **Stratégie :** Profitez de la capacité de la publicité programmatique à optimiser les campagnes en temps réel. Utilisez l'analyse des données pour ajuster vos

enchères, votre ciblage et votre créativité publicitaire en fonction des performances.

4. **Utilisation de la Data Management Platform (DMP) :**

o **Stratégie :** Intégrez une DMP pour centraliser et gérer vos données d'audience. Cela vous permettra de créer des segments d'audience plus précis et d'améliorer le ciblage de vos campagnes.

5. **Créativité Dynamique :**

o **Stratégie :** Utilisez des annonces dynamiques pour personnaliser le contenu publicitaire en fonction de l'utilisateur. Cela peut inclure la modification des images, des messages, et des appels à l'action en fonction des données de l'utilisateur.

6. **Intégration Multiplateforme :**

o **Stratégie :** Assurez-vous que vos campagnes programmatiques sont intégrées sur plusieurs plateformes et appareils. Cela inclut les ordinateurs de bureau, les mobiles, les tablettes, et même les plateformes de télévision connectée.

7. **Respect de la Confidentialité et Conformité :**

o **Stratégie :** Soyez conscient des lois et réglementations sur la confidentialité des données, comme le GDPR. Assurez-vous que vos pratiques de collecte et d'utilisation des données sont conformes.

8. **Analyse et Reporting :**

o **Stratégie** : Utilisez des outils d'analyse pour suivre les performances de vos campagnes. Analysez les métriques telles que le CTR (Click-Through Rate), le taux de conversion, et le ROI pour évaluer l'efficacité de vos campagnes.

9. **Tests A/B et Expérimentation :**

o **Stratégie** : Menez des tests A/B sur différents éléments de vos campagnes, comme les visuels, les copies publicitaires, et les appels à l'action, pour déterminer ce qui résonne le mieux avec votre public.

10. **Partenariats Stratégiques :**

o **Stratégie** : Établissez des partenariats stratégiques avec des éditeurs ou des réseaux publicitaires pour accéder à des inventaires publicitaires de qualité et à des audiences spécifiques.

En mettant en œuvre ces stratégies, les annonceurs peuvent maximiser l'efficacité de leurs campagnes de publicité programmatique, atteindre leur public cible de manière plus précise, et améliorer le retour sur investissement de leurs efforts publicitaires.

Exemples de Stratégies de Marketing Mobile et d'Applications

Le marketing mobile et les applications sont des outils puissants pour atteindre et engager les clients dans un monde de plus en plus connecté. Voici des exemples concrets de stratégies de marketing mobile et d'applications que les entreprises peuvent utiliser pour améliorer l'engagement et stimuler les ventes.

1. **Optimisation pour les Appareils Mobiles :**

○ **Exemple** : Une boutique en ligne de vêtements optimise son site web pour les appareils mobiles, garantissant une navigation fluide, des temps de chargement rapides et une expérience d'achat facile sur les smartphones et les tablettes.

2. **Application Mobile Dédiée :**

○ **Exemple** : Un supermarché développe une application mobile qui permet aux clients de faire leurs courses en ligne, de recevoir des notifications sur les offres spéciales, et de scanner les produits en magasin pour des informations supplémentaires.

3. **Marketing par SMS et MMS :**

○ **Exemple** : Un salon de coiffure envoie des rappels de rendez-vous par SMS et des offres promotionnelles par MMS à ses clients, augmentant ainsi les taux de rétention et de réponse.

4. **Publicité Mobile Ciblée :**

o   **Exemple :** Un restaurant utilise des publicités mobiles ciblées sur des plateformes comme Google et Facebook pour atteindre des clients locaux avec des offres spéciales et des menus du jour.

5. **Campagnes de Réalité Augmentée (RA) :**

o   **Exemple :** Une marque de cosmétiques crée une campagne de RA dans son application, permettant aux utilisateurs d'essayer virtuellement différents produits de maquillage avant l'achat.

6. **Programmes de Fidélité Intégrés à l'Application :**

o   **Exemple :** Une chaîne de cafés offre un programme de fidélité dans son application, où les clients peuvent gagner des points et obtenir des récompenses pour chaque achat effectué via l'application.

7. **Notifications Push Personnalisées :**

o   **Exemple :** Une application de fitness envoie des notifications push personnalisées pour encourager les utilisateurs à atteindre leurs objectifs quotidiens de santé et de remise en forme.

8. **Intégration des Médias Sociaux :**

o   **Exemple :** Une application de voyage intègre des fonctionnalités de partage sur les médias sociaux, permettant aux utilisateurs de partager facilement leurs expériences de voyage et leurs itinéraires avec leurs amis.

9. **Utilisation de l'Intelligence Artificielle (IA) :**

o **Exemple :** Une application de service client utilise l'IA pour offrir un chatbot interactif qui répond aux questions des clients et offre une assistance en temps réel.

10. **Stratégies de Marketing d'Influence Mobile :**

o **Exemple :** Une marque de mode s'associe à des influenceurs sur Instagram pour promouvoir son application mobile, en utilisant des posts sponsorisés et des stories pour attirer les utilisateurs vers l'application.

En mettant en œuvre ces stratégies, les entreprises peuvent tirer pleinement parti des opportunités offertes par le marketing mobile et les applications pour atteindre leur public cible, améliorer l'engagement des clients et stimuler les ventes.

Stratégies de Gestion de la Relation Client (CRM)

La gestion de la relation client (CRM) est essentielle pour développer et maintenir des relations solides avec les clients. Voici des stratégies efficaces de CRM que les entreprises peuvent adopter pour améliorer l'engagement client, la fidélisation et la croissance des ventes.

1. **Centralisation des Données Clients :**

o **Stratégie :** Utilisez un système CRM pour centraliser toutes les informations relatives aux clients, y compris les interactions passées, les préférences, les données d'achat et les feedbacks. Cela permet une vue complète du client pour un service personnalisé.

2. **Segmentation des Clients :**

o **Stratégie :** Segmentez votre base de clients dans le CRM en fonction de divers critères tels que le comportement d'achat, les préférences, la localisation et le niveau de revenu. La segmentation aide à cibler les communications et les offres de manière plus efficace.

3. **Automatisation des Processus de Vente et de Marketing :**

o **Stratégie :** Automatisez les processus répétitifs tels que les e-mails de suivi, les notifications de renouvellement et les campagnes de marketing. L'automatisation permet de gagner du temps et d'assurer une communication cohérente.

4. **Personnalisation de la Communication :**

o   **Stratégie :** Utilisez les données du CRM pour personnaliser vos interactions avec les clients. Les e-mails, les recommandations de produits et les offres spéciales personnalisées peuvent augmenter l'engagement et la satisfaction des clients.

5. **Suivi et Analyse des Interactions Clients :**

o   **Stratégie :** Suivez et analysez toutes les interactions avec les clients à travers le CRM pour comprendre leurs besoins et comportements. Utilisez ces insights pour améliorer les produits, services et expériences client.

6. **Gestion des Feedbacks Clients :**

o   **Stratégie :** Utilisez le CRM pour collecter et gérer les feedbacks des clients. Répondez activement aux commentaires et utilisez les retours pour améliorer les produits et services.

7. **Intégration des Canaux de Communication :**

o   **Stratégie :** Intégrez divers canaux de communication tels que les e-mails, les réseaux sociaux, les appels téléphoniques et le chat en direct dans votre CRM. Cela assure une expérience client cohérente et intégrée.

8. **Formation et Sensibilisation des**

Employés :

○ **Stratégie** : Formez vos employés à l'utilisation efficace du CRM. Assurez-vous qu'ils comprennent l'importance de la saisie précise des données et de l'utilisation des insights pour améliorer l'interaction client.

9. **Développement de Programmes de Fidélité :**

○ **Stratégie** : Utilisez le CRM pour développer et gérer des programmes de fidélité. Offrez des récompenses et des avantages basés sur l'historique d'achat et l'engagement des clients pour encourager la fidélisation.

10. **Prévision et Analyse des Ventes :**

○ **Stratégie** : Utilisez les données et les outils d'analyse du CRM pour prévoir les tendances de vente et ajuster les stratégies en conséquence. Cela peut aider à identifier les opportunités de vente et à optimiser les efforts de marketing.

En adoptant ces stratégies de CRM, les entreprises peuvent non seulement améliorer leur relation avec les clients, mais aussi augmenter l'efficacité de leurs équipes de vente et de marketing, conduisant à une croissance soutenue des affaires.

Exemples de Stratégies de Contenu

Une stratégie de contenu efficace est essentielle

pour engager le public, renforcer la notoriété de la marque et améliorer le SEO. Voici des exemples concrets de stratégies de contenu que les entreprises peuvent utiliser pour atteindre leurs objectifs marketing.

1. **Blogs et Articles de Fond :**
   o **Exemple :** Une entreprise de technologie crée un blog régulièrement mis à jour avec des articles approfondis sur les dernières tendances technologiques, des tutoriels et des études de cas. Cela établit la marque comme une autorité dans son domaine et améliore son référencement.

2. **Vidéos Éducatives et Démonstratives :**
   o **Exemple :** Une marque de cuisine produit des vidéos de recettes et des démonstrations de produits, partagées sur YouTube et intégrées sur son site web. Ces vidéos aident à engager visuellement le public et à montrer les produits en action.

3. **Infographies et Contenu Visuel :**
   o **Exemple :** Une agence de voyage crée des infographies attrayantes sur des destinations populaires, offrant des conseils de voyage et des faits intéressants. Ces infographies sont partagées sur les réseaux sociaux pour stimuler l'engagement et la portée.

4. **Podcasts et Interviews :**
   o **Exemple :** Une entreprise de conseil lance

un podcast où elle interviewe des leaders d'opinion et des experts de l'industrie. Cela permet de partager des insights précieux tout en augmentant la visibilité de la marque.

5. **Études de Cas et Témoignages Clients :**

o **Exemple :** Une société de logiciels publie des études de cas détaillées et des témoignages de clients satisfaits sur son site web, démontrant l'efficacité de ses produits et renforçant la confiance des prospects.

6. **E-books et Guides :**

o **Exemple :** Une entreprise de fitness offre des e-books gratuits sur la nutrition et l'entraînement en échange des adresses e-mail des visiteurs, alimentant ainsi sa stratégie de marketing par e-mail.

7. **Contenu Interactif :**

o **Exemple :** Un site de finance personnelle crée des calculatrices interactives et des quiz pour aider les utilisateurs à gérer leur budget et leurs investissements, augmentant ainsi l'engagement et le temps passé sur le site.

8. **Articles de Guest Blogging :**

o **Exemple :** Un consultant en marketing écrit des articles invités pour des blogs populaires de l'industrie, partageant son expertise et dirigeant le trafic vers son site web personnel.

9. **Newsletters Personnalisées :**

o   **Exemple :** Une boutique en ligne envoie des newsletters personnalisées avec des recommandations de produits basées sur les préférences et l'historique d'achat des clients.

10. **Contenu Saisonnier et Thématique :**

o   **Exemple :** Une marque de vêtements crée et partage du contenu thématique autour des vacances et des saisons, comme des guides de style pour l'été ou des idées de cadeaux pour les fêtes.

En mettant en œuvre ces stratégies de contenu, les entreprises peuvent non seulement attirer et retenir l'attention de leur public cible, mais aussi renforcer leur positionnement sur le marché et améliorer leur performance en ligne.

Tendances et Prévisions Futures

Évolution du Marketing Numérique

1. **Introduction :**

o   Le marketing numérique a connu une évolution rapide au cours des dernières décennies, influencé par les avancées technologiques, les changements dans les comportements des consommateurs et l'émergence de nouveaux canaux de communication. Cette section explore les tendances actuelles et prévoit l'avenir du marketing numérique.

2. **Intégration de l'Intelligence Artificielle :**

o   L'IA transforme le marketing numérique en permettant une personnalisation plus poussée, une analyse prédictive des tendances de consommation et une automatisation des tâches marketing. Les chatbots, les recommandations personnalisées et l'optimisation des campagnes en temps réel sont des exemples de l'application de l'IA.

3. **Augmentation de l'Utilisation des Données :**

o   Les données jouent un rôle central dans le marketing numérique moderne. L'analyse de données volumineuses permet aux entreprises de mieux comprendre leurs clients et d'optimiser leurs stratégies marketing pour des résultats plus efficaces.

4. **Marketing Omnicanal :**

o   L'approche omnicanal, qui offre une expérience client cohérente sur plusieurs plateformes et points de contact, devient la norme. Cette stratégie permet une interaction fluide avec les clients, que ce soit en ligne, sur mobile ou en magasin.

5. **Réalité Augmentée et Réalité Virtuelle :**

o   La RA et la RV offrent des expériences

immersives et interactives, ouvrant de nouvelles voies pour le marketing numérique. Les marques peuvent utiliser ces technologies pour des essais virtuels de produits, des expériences de marque immersives et des publicités interactives.

6. **Marketing Vidéo et Streaming en Direct :**
o   Le contenu vidéo continue de dominer, avec une augmentation de la popularité du streaming en direct. Les vidéos offrent un moyen engageant de raconter des histoires de marque et de connecter avec les audiences sur une base plus personnelle.

7. **Importance Croissante du SEO Vocal :**
o   Avec la popularité croissante des assistants vocaux, le SEO vocal devient crucial. Optimiser le contenu pour la recherche vocale nécessite une approche différente, en se concentrant sur des phrases plus conversationnelles et des questions directes.

8. **Confidentialité des Données et Réglementations :**
o   Les préoccupations croissantes concernant la confidentialité des données et les réglementations telles que le GDPR influencent le marketing numérique. Les entreprises doivent être transparentes dans la collecte et l'utilisation des données

tout en respectant la vie privée des utilisateurs.

9. **Évolution des Réseaux Sociaux :**

o   Les plateformes de médias sociaux évoluent constamment, avec de nouvelles fonctionnalités et algorithmes. Les marques doivent s'adapter rapidement à ces changements pour maintenir l'engagement et la portée.

10. **Conclusion :**

o   L'avenir du marketing numérique sera caractérisé par une intégration plus poussée des technologies avancées, une focalisation sur l'expérience utilisateur personnalisée et une adaptation continue aux changements rapides du paysage numérique. Les entreprises qui embrassent ces évolutions seront mieux positionnées pour réussir dans un environnement de plus en plus numérisé.

Futur du Commerce Électronique

1. **Introduction :**

o   Le commerce électronique est en constante évolution, poussé par les innovations technologiques, les changements dans les habitudes de consommation et les attentes croissantes des clients. Cette section explore les tendances émergentes et les prévisions pour l'avenir du commerce électronique.

2. **Personnalisation Avancée :**

o La personnalisation deviendra encore plus sophistiquée grâce à l'utilisation de l'intelligence artificielle et de l'apprentissage automatique. Les sites de commerce électronique pourront offrir des expériences d'achat sur mesure, recommandant des produits basés sur les préférences individuelles, l'historique d'achat et le comportement de navigation.

3. **Intégration de la Réalité Augmentée :**

o La réalité augmentée (RA) transformera l'expérience d'achat en ligne en permettant aux clients de visualiser les produits dans leur propre environnement avant de faire un achat. Cela aidera à réduire les incertitudes et à augmenter la satisfaction des clients.

4. **Commerce Vocal et Assistants Intelligents :**

o Avec la popularité croissante des assistants vocaux, le commerce vocal deviendra une voie importante pour les achats en ligne. Les consommateurs pourront effectuer des achats simplement en utilisant leur voix, rendant l'expérience d'achat plus pratique et accessible.

5. **Paiements Simplifiés et Sécurisés :**

o Les technologies de paiement évolueront

pour offrir des transactions plus rapides, plus sûres et plus pratiques. Les paiements sans contact, les portefeuilles numériques et les cryptomonnaies gagneront en popularité, offrant aux consommateurs plus d'options et une meilleure sécurité.

6. **Logistique et Livraison Innovantes :**

o   Les avancées dans la logistique et la livraison, telles que les drones et les véhicules autonomes, révolutionneront la manière dont les produits sont livrés. La livraison le jour même ou même en quelques heures pourrait devenir la norme pour de nombreux détaillants en ligne.

7. **Durabilité et Commerce Éthique :**

o   La durabilité deviendra un aspect crucial du commerce électronique. Les consommateurs s'attendent à des pratiques commerciales éthiques et écologiques, ce qui poussera les entreprises à adopter des emballages durables, des chaînes d'approvisionnement transparentes et des produits respectueux de l'environnement.

8. **Expérience Omnicanale :**

o   L'expérience d'achat omnicanale, offrant une expérience client cohérente sur plusieurs canaux (en ligne, mobile, en magasin), deviendra essentielle. Les technologies comme les beacons et les écrans interactifs en magasin intégreront davantage les expériences en ligne

○   et hors ligne.

9. **Analyse de Données et Prise de Décision :**

○   L'analyse de données jouera un rôle encore plus important dans le commerce électronique. Les insights tirés des données aideront les entreprises à prendre des décisions éclairées, à optimiser leurs opérations et à améliorer l'expérience client.

10. **Conclusion :**

○   L'avenir du commerce électronique sera marqué par une innovation continue, une personnalisation accrue, une intégration technologique avancée et un engagement croissant envers la durabilité. Les entreprises qui s'adaptent rapidement à ces changements seront mieux placées pour réussir dans un marché en évolution rapide.

Développements en Intelligence Artificielle

1. **Introduction :**

○   L'intelligence artificielle (IA) est en train de redéfinir de nombreux secteurs, y compris le marketing, le commerce électronique, la production et les services.

Cette section explore les développements récents en IA et leur impact potentiel sur diverses industries.

2. **Automatisation et Optimisation des Processus :**

○   L'IA permet l'automatisation des tâches répétitives et l'optimisation des processus d'affaires. Dans le futur, nous pouvons nous attendre à voir des systèmes d'IA prendre en charge des fonctions complexes, améliorant l'efficacité et réduisant les coûts opérationnels.

3. **Personnalisation du Marketing et de la Publicité :**

○   Les technologies d'IA sont de plus en plus utilisées pour personnaliser les expériences de marketing et de publicité. Elles permettent d'analyser les données des consommateurs en temps réel et d'ajuster les messages publicitaires pour cibler les préférences individuelles, améliorant ainsi l'engagement et l'efficacité des campagnes.

4. **Prévisions et Analyse Prédictive :**

○   L'IA joue un rôle crucial dans l'analyse prédictive, aidant les entreprises à anticiper les tendances du marché, les comportements des consommateurs et les risques potentiels. Cette capacité à prévoir aide les entreprises à prendre des décisions proactives et stratégiques.

5. **Amélioration de l'Expérience Client :**

o   L'IA est utilisée pour améliorer l'expérience client à travers des chatbots intelligents, des assistants virtuels et des recommandations personnalisées. Ces technologies offrent un service client rapide et personnalisé, augmentant la satisfaction et la fidélisation des clients.

6. **Développements en Apprentissage Automatique :**

o   L'apprentissage automatique, une branche de l'IA, continue d'évoluer, permettant aux machines d'apprendre et de s'adapter sans être explicitement programmées. Cela ouvre des possibilités pour des applications plus intuitives et intelligentes dans divers domaines.

7. **Impact sur la Prise de Décision :**

o   L'IA fournit des insights approfondis et des analyses de données qui aident les dirigeants à prendre des décisions plus éclairées. Dans le futur, l'IA pourrait jouer un rôle plus important dans la prise de décision stratégique au sein des organisations.

8. **Sécurité et Confidentialité :**

o   Avec l'augmentation de l'utilisation de l'IA, les questions de sécurité et de confidentialité des données deviennent primordiales. Les développements futurs en IA devront aborder ces préoccupations, en assurant la protection des données et la conformité réglementaire.

9. **Intégration Intersectorielle :**

○ L'IA trouve des applications dans une gamme croissante de secteurs, de la santé à la finance, en passant par l'éducation et le transport. Cette intégration intersectorielle de l'IA stimulera l'innovation et la création de nouvelles opportunités commerciales.

10. **Conclusion :**

○ Les développements en IA promettent de transformer radicalement le paysage des affaires et de la société. Les entreprises qui embrassent et intègrent ces technologies seront mieux équipées pour affronter les défis futurs et saisir de nouvelles opportunités dans un monde de plus en plus piloté par les données et l'intelligence artificielle.

Tendances en Médias Sociaux

1. **Introduction :**

○ Les médias sociaux continuent d'évoluer à un rythme rapide, influençant significativement la manière dont les marques interagissent avec leur public. Cette section explore les tendances actuelles et futures des médias sociaux et leur impact sur le marketing et la communication.

2. **Augmentation de l'Engagement Vidéo :**

o   Les vidéos, notamment les formats courts et les stories, gagnent en popularité sur les plateformes sociales. Les marques utilisent de plus en plus le contenu vidéo pour engager leur audience de manière créative et dynamique.

3. **Montée des Micro-Influenceurs :**

o   Les micro-influenceurs, avec leurs audiences plus petites mais très engagées, deviennent un choix privilégié pour les marques. Ils offrent une authenticité et un niveau de confiance plus élevés par rapport aux influenceurs ayant de grandes audiences.

4. **Commerce Social et Achats Intégrés :**

o   Les plateformes de médias sociaux intègrent de plus en plus des fonctionnalités de commerce électronique, permettant aux utilisateurs d'acheter des produits directement via les posts et les stories. Cette tendance transforme la manière dont les consommateurs découvrent et achètent des produits.

5. **Utilisation de la Réalité Augmentée :**

o   La réalité augmentée (RA) sur les médias

sociaux, notamment à travers des filtres et des expériences interactives, offre de nouvelles opportunités pour les marques de créer des expériences immersives et mémorables pour les utilisateurs.

6. **Importance Accrue de l'Authenticité :**

o   Les consommateurs recherchent l'authenticité dans les marques qu'ils suivent sur les réseaux sociaux. Les contenus qui reflètent des histoires réelles, des valeurs de marque et une transparence accrue gagnent en popularité.

7. **Engagement par le Contenu Généré par l'Utilisateur :**

o   Le contenu généré par les utilisateurs (UGC) continue d'être un outil puissant pour les marques sur les médias sociaux. Encourager les clients à partager leur propre contenu renforce l'engagement et la confiance.

8. **Focus sur la Responsabilité Sociale :**

o   Les marques utilisent les médias sociaux pour mettre en avant leur engagement envers des causes sociales et environnementales. Cette tendance reflète une prise de conscience croissante des responsabilités sociales des entreprises.

9. **Évolution des Algorithmes :**

o   Les changements constants dans les algorithmes des plateformes sociales obligent les marques à s'adapter rapidement pour maintenir leur visibilité et leur engagement. La compréhension et l'adaptation à ces algorithmes sont cruciales pour le succès.

10. Intégration des Chatbots et de l'IA :

o   L'intégration des chatbots et de l'intelligence artificielle pour le service client et l'engagement personnalisé devient plus courante. Ces technologies permettent une interaction rapide et personnalisée à grande échelle.

11. Conclusion :

o   Les tendances actuelles en médias sociaux indiquent une évolution vers plus d'interactivité, d'authenticité et d'intégration technologique. Les marques qui s'adaptent à ces tendances et les intègrent dans leurs stratégies de médias sociaux seront mieux placées pour engager leur public et renforcer leur présence en ligne.

Avenir de la Publicité Programmatique

1. Introduction :

o   La publicité programmatique, qui utilise des algorithmes et des technologies automatisées pour acheter et vendre des espaces publicitaires, est en train de transformer le paysage de la publicité numérique. Cette section explore les tendances futures et les évolutions attendues dans ce domaine.

2. **Intégration Accrue de l'IA et du Machine Learning :**

o   L'intelligence artificielle (IA) et le machine learning joueront un rôle de plus en plus central dans la publicité programmatique. Ces technologies permettront une optimisation plus précise des campagnes, une meilleure ciblage des audiences et une analyse en temps réel des performances publicitaires.

3. **Publicité Omnicanale :**

o   La publicité programmatique s'étendra au-delà des plateformes numériques traditionnelles pour inclure la télévision connectée, les panneaux d'affichage numériques et d'autres canaux. Cette approche omnicanale offrira aux annonceurs une portée plus large et une cohérence accrue dans leurs campagnes publicitaires.

4. **Transparence et Confidentialité des Données :**

o   Avec l'augmentation des préoccupations concernant la confidentialité des données, la transparence deviendra un aspect crucial de la publicité programmatique. Les annonceurs et les plateformes devront assurer la protection des données des utilisateurs tout en maintenant la transparence dans les processus de ciblage et de mesure.

5. **Automatisation et Efficacité Accrues :**
   o   L'automatisation dans la publicité programmatique s'améliorera, permettant aux annonceurs de lancer et de gérer des campagnes plus efficacement. Cela inclut l'automatisation de la création de contenu, de l'achat d'espace publicitaire et de l'optimisation des campagnes.

6. **Personnalisation à Grande Échelle :**
   o   La capacité à personnaliser les messages publicitaires à grande échelle sera renforcée. Les annonceurs pourront créer des publicités hautement personnalisées qui résonnent avec des segments d'audience spécifiques, améliorant ainsi l'engagement et la pertinence.

7. **Impact de la 5G et des Nouvelles Technologies :**
   o   L'arrivée de la 5G et d'autres technologies avancées ouvrira de nouvelles possibilités pour la publicité programmatique, notamment en termes de vitesse de chargement des annonces, de qualité des formats publicitaires et d'expériences interactives.

8. **Évolution des Formats Publicitaires :**

○ Les formats publicitaires continueront d'évoluer, avec une augmentation des publicités immersives et interactives, telles que la réalité augmentée et la réalité virtuelle, offrant des expériences plus engageantes aux utilisateurs.

9. **Défis et Opportunités Réglementaires :**

○ Les changements dans la réglementation, tels que les lois sur la confidentialité des données, présenteront à la fois des défis et des opportunités pour la publicité programmatique. Les acteurs du marché devront s'adapter à ces changements tout en exploitant de nouvelles opportunités pour innover.

10. **Conclusion :**

○ L'avenir de la publicité programmatique est prometteur, avec des avancées technologiques qui continueront à transformer la manière dont les publicités sont ciblées, diffusées et mesurées. Les entreprises qui embrassent ces changements et s'adaptent rapidement seront mieux placées pour tirer parti des opportunités offertes par cette évolution rapide du marché publicitaire.

Innovations en UX/UI Design

1. **Introduction :**

○ Le design UX/UI est un

domaine en constante évolution, façonné par les progrès technologiques et les changements dans les comportements des utilisateurs. Cette section explore les innovations actuelles et futures dans le design UX/UI et leur impact sur la création de produits numériques.

2. **Design Centré sur l'Utilisateur :**

o   L'approche centrée sur l'utilisateur restera au cœur du design UX/UI. Les concepteurs continueront de créer des interfaces intuitives et des expériences utilisateur basées sur une compréhension approfondie des besoins, des désirs et des comportements des utilisateurs.

3. **Intégration de l'IA et du Machine Learning :**

o   L'intelligence artificielle et le machine learning transformeront le design UX/UI en permettant des interfaces plus intelligentes et adaptatives. Ces technologies permettront de créer des expériences personnalisées en temps réel, basées sur les interactions et préférences des utilisateurs.

4. **Design pour les Écrans Pliables et Flexibles :**

o   Avec l'émergence des écrans pliables et flexibles, les designers UX/UI devront innover pour créer des expériences fluides et cohérentes sur ces nouveaux formats. Cela inclut la conception d'interfaces qui s'adaptent dynamiquement aux différentes configurations d'écran.

5. **Réalité Augmentée et Réalité Virtuelle :**

o   La RA et la RV offriront de nouvelles opportunités pour le design UX/ UI. Les concepteurs exploreront des façons de créer des expériences immersives et interactives, en intégrant des éléments du monde réel avec des informations numériques enrichies.

6. **Design Vocal et Interfaces Conversationnelles :**

o   Le design d'interfaces vocales et conversationnelles gagnera en importance. Les concepteurs UX/ UI travailleront sur des expériences utilisateur où la voix et le dialogue naturel jouent un rôle central, en particulier dans les applications pour assistants vocaux et chatbots.

7. **Accessibilité et Inclusivité :**

o   L'accessibilité et l'inclusivité resteront des aspects essentiels du design UX/UI. Les concepteurs s'efforceront de créer des produits numériques accessibles à tous, en tenant compte des diverses capacités et besoins des utilisateurs.

8. **Micro-interactions et Animations :**

- Les micro-interactions et les animations sophistiquées continueront d'enrichir l'expérience utilisateur. Ces éléments subtils mais puissants améliorent l'engagement et aident à guider les utilisateurs à travers les interfaces de manière intuitive.

9. **Design Éthique et Responsable :**

- Le design éthique et responsable deviendra un sujet de plus en plus important. Les concepteurs UX/UI prendront en compte l'impact social et environnemental de leurs créations, en veillant à promouvoir des pratiques responsables et durables.

10. **Conclusion :**

- Les innovations en UX/UI design joueront un rôle crucial dans la définition de l'avenir des produits numériques. En restant à la pointe des tendances technologiques et en se concentrant sur les besoins des utilisateurs, les concepteurs UX/UI continueront de créer des expériences mémorables et significatives qui façonnent notre interaction quotidienne avec la technologie.

Développement Durable et Responsabilité d'Entreprise

1. Introduction :

○ Le développement durable et la responsabilité d'entreprise sont devenus des éléments essentiels dans la stratégie des entreprises modernes. Cette section explore comment les entreprises intègrent des pratiques durables dans leurs opérations et leur impact sur la société et l'environnement.

2. Intégration du Développement Durable dans les Opérations Commerciales :

○ Les entreprises adoptent des pratiques durables dans leurs opérations, telles que l'utilisation de ressources renouvelables, la réduction des déchets, et l'amélioration de l'efficacité énergétique. Ces pratiques ne sont pas seulement bénéfiques pour l'environnement, mais elles peuvent également conduire à des économies de coûts à long terme.

3. Responsabilité Sociale des Entreprises (RSE) :

○ La RSE devient un aspect crucial de la réputation des entreprises. Les initiatives telles que le soutien aux communautés locales, les programmes de bien-être des employés, et les contributions à des causes sociales renforcent la position de l'entreprise en tant qu'acteur responsable dans la société.

4. **Transparence et Reporting sur la Durabilité :**

o La transparence dans les pratiques de durabilité est de plus en plus demandée par les consommateurs et les parties prenantes. Les entreprises publient des rapports de durabilité détaillés pour montrer leur engagement envers des pratiques commerciales responsables.

5. **Économie Circulaire et Modèles d'Affaires Durables :**

o L'économie circulaire, qui vise à minimiser les déchets et à maximiser l'utilisation des ressources, gagne en popularité. Les entreprises adoptent des modèles d'affaires durables qui intègrent la réutilisation, le recyclage et la régénération des produits et matériaux.

6. **Innovation Durable :**

o L'innovation dans les produits et services durables est un domaine en croissance. Les entreprises investissent dans la recherche et le développement pour créer des solutions qui répondent aux défis environnementaux tout en répondant aux besoins des consommateurs.

7. **Engagement des Parties Prenantes :**

o Les entreprises engagent activement les parties prenantes, y compris les clients, les employés, les fournisseurs et les communautés locales, dans leurs initiatives de durabilité. Cette approche collaborative renforce la responsabilité et l'impact des efforts de durabilité.

8. **Impact sur la Chaîne d'Approvisionnement :**

o La durabilité dans la chaîne d'approvisionnement est essentielle. Les entreprises travaillent avec leurs fournisseurs pour garantir des pratiques éthiques et durables, de la production à la distribution.

9. **Défis et Opportunités :**

o Bien que l'intégration du développement durable présente des défis, tels que des coûts initiaux plus élevés et la nécessité de changer les processus établis, elle offre également des opportunités significatives en termes d'innovation, de différenciation sur le marché et de conformité réglementaire.

10. **Conclusion :**

o Le développement durable et la responsabilité d'entreprise continueront d'être des facteurs clés dans le succès des entreprises. En adoptant des pratiques durables, les entreprises peuvent non seulement contribuer positivement à la société et à l'environnement, mais aussi renforcer leur position et leur compétitivité sur le marché.

Évolution du Marketing d'Influence

1. Introduction :

o   Le marketing d'influence, qui implique la collaboration avec des individus influents pour promouvoir des produits ou des services, a connu une croissance rapide. Cette section examine l'évolution passée et les tendances futures du marketing d'influence.

2. Diversification des Plateformes :

o   Alors que les plateformes comme Instagram et YouTube restent populaires pour le marketing d'influence, d'autres plateformes émergentes, telles que TikTok et Twitch, gagnent en importance. Les marques cherchent à exploiter ces nouveaux canaux pour atteindre des audiences diversifiées.

3. Augmentation des Micro-Influenceurs :

o   Les micro-influenceurs, avec leurs audiences plus petites mais hautement engagées, deviennent de plus en plus populaires auprès des marques. Leur authenticité et leur proximité avec leur public offrent souvent un meilleur engagement et un ROI plus élevé.

4. Mesure de Performance et ROI :

o   L'accent est mis sur la mesure

précise de la performance et du retour sur investissement dans le marketing d'influence. Les marques utilisent des outils et des technologies avancés pour suivre l'engagement, la portée et l'impact des campagnes d'influence.

5. **Contenu de Qualité et Authenticité :**

o   L'authenticité reste un élément clé du succès dans le marketing d'influence. Les consommateurs recherchent des contenus authentiques et de qualité plutôt que des messages promotionnels évidents. Les influenceurs sont donc encouragés à créer du contenu qui reflète véritablement leurs propres voix et styles.

6. **Relations à Long Terme :**

o   Les marques s'orientent vers des partenariats à long terme avec des influenceurs, plutôt que des collaborations ponctuelles. Ces relations durables permettent de construire une cohérence de marque et une fidélité accrue du public.

7. **Intégration de la Réalité Augmentée :**

o   L'utilisation de la réalité augmentée dans le marketing d'influence est en hausse, offrant des expériences immersives et interactives. Les influenceurs peuvent utiliser la RA pour présenter les produits de manière plus engageante.

8. **Éthique et Transparence :**

o   Les questions d'éthique et de transparence deviennent cruciales. Les influenceurs et les marques sont de plus en plus tenus de divulguer clairement les partenariats payants et de respecter les directives de publicité.

9. **Influenceurs Virtuels et IA :**

o   L'émergence d'influenceurs virtuels, créés par l'intelligence artificielle, représente une nouvelle frontière dans le marketing d'influence. Ces personnages numériques peuvent offrir un contrôle de marque unique et une disponibilité constante.

10. **Conclusion :**

o   L'avenir du marketing d'influence sera caractérisé par une plus grande diversification des plateformes, une focalisation sur l'authenticité et la qualité du contenu, et l'utilisation de technologies avancées pour la mesure et l'engagement. Les marques qui s'adaptent à ces évolutions continueront de bénéficier de l'impact puissant du marketing d'influence.

Technologies Émergentes

1. **Introduction :**

o   Les technologies émergentes façonnent

activement l'avenir de divers secteurs, offrant de nouvelles opportunités et défis. Cette section explore les principales technologies émergentes et leur impact potentiel sur les affaires, la société et l'environnement.

2. **Intelligence Artificielle et Machine Learning :**

o L'IA et le machine learning continuent de progresser, offrant des capacités d'analyse de données avancées, d'automatisation des processus et de personnalisation des services. Ces technologies transforment des secteurs tels que la santé, la finance, le marketing et la production.

3. **Blockchain et Cryptomonnaies :**

o La blockchain, au-delà des cryptomonnaies, offre des applications prometteuses en termes de sécurité des données, de transparence des transactions et de décentralisation. Elle a le potentiel de révolutionner des domaines comme la chaîne d'approvisionnement, le vote électronique et la gestion des droits d'auteur.

4. **Internet des Objets (IoT) :**

o L'IoT connecte des appareils quotidiens à Internet, permettant la collecte et l'échange de données. Cette connectivité accrue ouvre des possibilités dans la gestion intelligente des maisons et des villes, l'agriculture de précision, et la maintenance prédictive dans l'industrie.

5. **Réalité Augmentée et Réalité Virtuelle :**

o   La RA et la RV offrent des expériences immersives, modifiant la manière dont les consommateurs interagissent avec les produits et les marques. Elles trouvent des applications dans la formation, le divertissement, le commerce de détail et l'immobilier.

6. **Véhicules Autonomes et Drones :**

o   Les progrès dans les véhicules autonomes et les drones promettent de transformer le transport et la logistique. Ces technologies pourraient réduire les accidents de la route, optimiser la livraison de marchandises et révolutionner le transport personnel.

7. **Impression 3D et Fabrication Additive :**

o   L'impression 3D continue d'évoluer, permettant la production rapide et sur mesure de pièces et de produits. Elle a un impact significatif dans des domaines tels que la fabrication, la médecine (prothèses, implants) et la construction.

8. **Énergie Renouvelable et Technologies Vertes :**

o   Les innovations dans les énergies renouvelables et les technologies vertes sont essentielles pour répondre aux défis du changement climatique. Elles comprennent le développement de nouvelles sources d'énergie, des matériaux durables et des pratiques de production éco-responsables.

9. **Biotechnologie et Médecine Personnalisée :**

o   Les avancées en biotechnologie et en médecine personnalisée offrent des perspectives prometteuses pour le traitement de maladies complexes et la personnalisation des soins de santé, basées sur la génétique individuelle.

10. **Cybersécurité et Protection des Données :**

o   Avec l'augmentation de la connectivité et des données générées, la cybersécurité devient un enjeu majeur. Les technologies émergentes dans ce domaine visent à protéger les informations sensibles et à prévenir les cyberattaques.

11. **Conclusion :**

o   Les technologies émergentes représentent un potentiel immense pour transformer les industries et améliorer la qualité de vie. Toutefois, elles soulèvent également des questions éthiques, réglementaires et de sécurité qui doivent être abordées. Les entreprises et les sociétés qui s'adaptent et intègrent ces technologies de manière responsable et innovante seront mieux préparées pour l'avenir.

Prévisions sur le Comportement des Consommateurs

1. **Introduction :**
   - Comprendre et anticiper le comportement des consommateurs est crucial pour les entreprises souhaitant rester compétitives. Cette section explore les prévisions sur l'évolution des comportements des consommateurs, influencés par les changements technologiques, sociaux et économiques.

2. **Augmentation de la Conscience Écologique :**
   - Les consommateurs sont de plus en plus conscients des enjeux environnementaux. On s'attend à une demande croissante pour des produits durables, éthiques et écologiques. Les entreprises devront donc intégrer des pratiques durables dans leurs offres pour répondre à ces attentes.

3. **Préférence pour les Expériences Personnalisées :**
   - La personnalisation devient un facteur clé dans les décisions d'achat.

Les consommateurs s'attendent à des expériences sur mesure, que ce soit dans le commerce en ligne, le marketing ou le service client. Les entreprises devront utiliser les données et l'IA pour offrir des expériences personnalisées.

4. **Utilisation Accrue des Technologies Numériques :**

o   Avec la digitalisation croissante, les consommateurs continueront d'adopter et de s'adapter aux nouvelles technologies. Cela inclut l'utilisation accrue des plateformes de commerce électronique, des applications mobiles, et des assistants vocaux pour les achats.

5. **Recherche d'Authenticité et de Transparence :**

o   Les consommateurs valorisent l'authenticité et la transparence des marques. Ils sont de plus en plus enclins à rechercher des informations sur les produits et les entreprises avant de prendre des décisions d'achat et préfèrent les marques qui sont honnêtes et ouvertes.

6. **Sensibilité aux Questions Sociales :**

o   Les questions sociales, telles que l'égalité, la diversité et l'inclusion, influencent de plus en plus les choix des consommateurs. Les entreprises devront montrer leur engagement envers ces questions pour maintenir une connexion forte avec leur public.

7. **Préférence pour les Achats en Ligne :**

o   La tendance vers les achats en ligne, accélérée par la pandémie de COVID-19, devrait se poursuivre. Les consommateurs apprécient la commodité, la variété et souvent les meilleurs prix disponibles en ligne.

8. **Demande de Services Rapides et Efficaces :**

o   Les consommateurs s'attendent à des services rapides et efficaces. La rapidité de livraison, la facilité de retour et un service client réactif seront des facteurs clés pour gagner et fidéliser les clients.

9. **Évolution des Modes de Paiement :**

o   Les modes de paiement continueront d'évoluer, avec une adoption accrue des paiements sans contact, des portefeuilles numériques et peut-être des cryptomonnaies, offrant plus de commodité et de sécurité.

10. **Conclusion :**

o   Les entreprises doivent rester attentives à ces évolutions du comportement des consommateurs pour adapter leurs stratégies en conséquence. Comprendre et répondre aux attentes changeantes des consommateurs sera essentiel pour offrir des expériences pertinentes et attrayantes, et pour maintenir un avantage concurrentiel dans un marché en constante évolution.

FAQs sur le Marketing Digital

1. **Qu'est-ce que le marketing digital ?**

o   Réponse : Le marketing digital englobe toutes les activités de marketing qui utilisent des canaux numériques pour promouvoir des produits ou services. Cela inclut le SEO, le marketing de contenu, les médias sociaux, le marketing par e-mail, la publicité en ligne, et plus encore.

2. **Comment le SEO peut-il bénéficier à mon entreprise ?**

o   Réponse : Le SEO (Search Engine Optimization) aide à améliorer la visibilité de votre site web sur les moteurs de recherche. Cela peut conduire à une augmentation du trafic organique, à une meilleure crédibilité de marque et, finalement, à une augmentation des ventes et des conversions.

3. **Quelle est l'importance des médias sociaux dans le marketing digital ?**

o   Réponse : Les médias sociaux permettent aux entreprises d'atteindre et d'engager un large public. Ils offrent des opportunités uniques pour la construction de la marque, la publicité ciblée, l'engagement client et l'obtention de retours directs des consommateurs.

4. **Quelle est la différence entre le marketing entrant et sortant ?**

○ Réponse : Le marketing entrant se concentre sur la création de contenu de qualité pour attirer les clients vers votre entreprise, tandis que le marketing sortant implique des approches plus directes, comme les publicités et les appels à froid, pour obtenir des ventes.

5. **Comment mesurer l'efficacité d'une campagne de marketing digital ?**

○ Réponse : L'efficacité peut être mesurée à l'aide de divers indicateurs, tels que le trafic du site web, le taux de conversion, l'engagement sur les médias sociaux, le ROI (retour sur investissement) et d'autres KPIs (indicateurs clés de performance).

6. **Qu'est-ce que le marketing de contenu ?**

○ Réponse : Le marketing de contenu implique la création et le partage de matériel informatif et pertinent (comme des blogs, des vidéos, des infographies) pour attirer et retenir un public cible, et finalement, pour stimuler l'action du client.

7. **Quels sont les avantages de la publicité**

payante en ligne ?

○ Réponse : La publicité payante en ligne, comme les annonces PPC (Pay-Per-Click), offre une visibilité immédiate, un ciblage précis du public, et la capacité de mesurer directement l'efficacité de vos annonces.

8. **Comment le marketing digital a-t-il évolué avec la technologie mobile ?**

○ Réponse : Avec l'augmentation de l'utilisation des smartphones, le marketing mobile est devenu crucial. Cela inclut l'optimisation des sites web pour les mobiles, les applications mobiles, le marketing par SMS et les stratégies de contenu adaptées aux mobiles.

9. **Qu'est-ce que l'automatisation du marketing et comment peut-elle aider mon entreprise ?**

○ Réponse : L'automatisation du marketing utilise des logiciels pour automatiser les tâches de marketing répétitives. Cela peut améliorer l'efficacité, réduire les erreurs humaines et permettre une communication personnalisée à grande échelle.

10. **Comment intégrer le développement durable dans le marketing digital ?**

○ Réponse : Intégrer le développement durable implique de promouvoir des pratiques éthiques et écologiques dans vos stratégies marketing, de communiquer sur vos efforts de durabilité, et d'adopter des pratiques commerciales qui soutiennent la responsabilité sociale et environnementale.

REMERCIEMENTS

En écrivant ce livre, j'ai eu le privilège de m'appuyer sur les connaissances, l'expérience et le soutien de nombreuses personnes exceptionnelles. Il est important pour moi de prendre un moment pour exprimer ma gratitude envers tous ceux qui ont contribué à la réalisation de cet ouvrage.

Tout d'abord, je tiens à remercier mes collègues et mentors dans le domaine du marketing digital. Votre expertise, vos insights et vos conseils ont été une source d'inspiration inestimable tout au long de ce projet. Vos contributions au monde du marketing digital ne cessent de façonner l'industrie, et votre influence se reflète dans les pages de ce livre.

Un merci spécial à l'équipe éditoriale et aux relecteurs pour leur travail acharné, leur attention aux détails et leur engagement à maintenir la plus haute qualité. Votre professionnalisme et votre dévouement ont grandement amélioré ce manuscrit, et je suis profondément reconnaissant pour votre soutien tout au long de ce processus.

Je voudrais également exprimer ma gratitude envers ma famille et mes amis pour leur soutien inébranlable, leur encouragement et leur patience. Votre compréhension et votre soutien durant les longues heures passées à écrire et à rechercher ont été un pilier de ma motivation et de ma persévérance.

Un remerciement particulier à la communauté du marketing digital - praticiens, universitaires, étudiants et passionnés - pour leur curiosité incessante et leur soif d'apprendre. Votre engagement envers l'excellence et l'innovation continue d'inspirer mon travail et ma réflexion.

Enfin, je tiens à remercier chaque lecteur qui a choisi de se plonger dans ce livre. Votre intérêt pour le marketing digital et votre désir de vous développer professionnellement sont la raison d'être de cet ouvrage. J'espère que vous trouverez dans ces pages des informations précieuses, des idées inspirantes et des stratégies pratiques pour naviguer dans le monde dynamique du marketing digital.

Amicalement,
Vincent Lefebvre

Du meme Auteur :

disponible sur Amazon.fr

Vegan Kids: Un livre pratique pour les familles qui veulent adopter une alimentation vegetalienne saine et durable

Urban Garden: Le Guide Essentiel pour Créer des Espaces Verts Éco-responsables et Inclusifs

Manuel de Résilience: Découvrez comment transformer les conflits sociétaux en opportunités de croissance

C'est quoi le leadership en 2024 ?: S'adapter aux changements et défis d'aujourd'hui pour prospérer demain

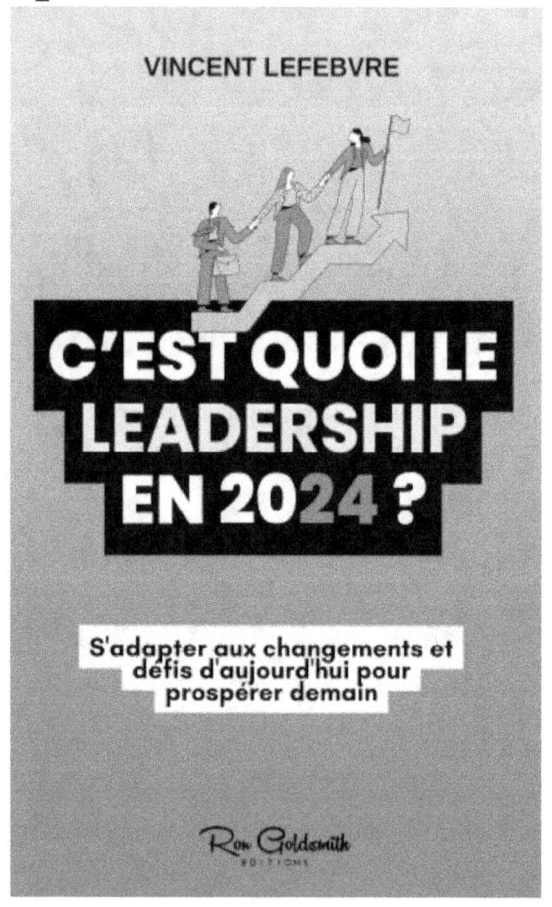

Comment sortir de son burnout en 2024 ?: Trouvez votre chemin vers la guérison et redécouvrez la joie de vivre

C'est quoi le bonheur en 2024 ?: Le livre référence pour se sentir bien dans son corps et dans sa peau cette année et les suivantes

C'est quoi le succès en 2024 ?: Examiner les succès d'hier pour anticiper les opportunités de demain

VINCENT LEFEBVRE

C'EST QUOI LE SUCCES EN 2024 ?

Examiner les succès d'hier pour anticiper les opportunités de demain

Ron Goldsmith
EDITIONS

C'est quoi la parentalité
en 2024 ?: Des solutions
pratiques pour une parentalité
réussie à l'ère numérique

C'est quoi le développement durable en 2024 ?: Le livre qui vous donne les outils pour changer le monde et qui met le développement durable à la portée de tous

C'est quoi la franc-maçonnerie en 2024 ?: Découvrez comment la franc-maçonnerie s'adapte aux défis du 21e siècle et contribue à l'amélioration de la société

Franc-Maçonnerie et IA: De la loge à l'algorithme, embarquez pour une exploration de l'IA avec une boussole maçonnique

Douance et Créativité: Voyagez au cœur de l'intelligence émotionnelle, clé de la compréhension des personnes douées